Hans Michael Heinig

Prekäre Ordnungen

Hans Michael Heinig

Prekäre Ordnungen

Historische Prägungen des Religionsrechts in Deutschland

Mohr Siebeck

Hans Michael Heinig ist Inhaber des Lehrstuhls für Öffentliches Recht, insb. Kirchen- und Staatskirchenrecht an der Juristischen Fakultät der Georg-August-Universität Göttingen und Leiter des Kirchenrechtlichen Instituts der Evangelischen Kirche in Deutschland.

ISBN 978-3-16-156217-4 / eISBN 978-3-16-156218-1
DOI 10.1628/978-3-16-156218-1

Die Deutsche Nationalbibliothek verzeichnet diese Publikation in der Deutschen Nationalbibliographie; detaillierte bibliographische Daten sind im Internet über *http://dnb.dnb.de* abrufbar.

Das Buch wurde von Gulde Druck in Tübingen in der Stempel Garamond gesetzt, auf alterungsbeständiges Werkdruckpapier gedruckt und gebunden.

Printed in Germany

Inhaltsübersicht

Inhaltsverzeichnis VII
Abkürzungsverzeichnis XI

I. Rückblick nach vorne 1

II. Neuzeitliches Religionsrecht unter Bedingungen des nachreformatorischen Bikonfessionalismus 4

III. Pluralisierungsprozesse: Der lange Weg von der landesrechtlichen Duldung zur wechselseitigen Anerkennung als Freie und Gleiche 17

IV. Von der Weimarer Reichsverfassung bis zum Ende des Dritten Reichs (1919–1945) . 34

V. Der Weg zum Grundgesetz: 1945–1949 . . . 50

VI. Die religionsrechtliche Entwicklung in der Bundesrepublik (1949–1969) 58

VII. Ausblick bis zur Gegenwart 65

VIII. Resümee 68

Anhang: Normtexte 1648–1919 in Auswahl 71

Abbildungsnachweise 83

Literaturverzeichnis 85

Stichwort- und Namensverzeichnis 91

Inhaltsverzeichnis

Inhaltsübersicht V
Abkürzungsverzeichnis XI

I. Rückblick nach vorne 1

II. Neuzeitliches Religionsrecht unter Bedingungen des nachreformatorischen Bikonfessionalismus 4
1. Suspendierung der Wahrheitsfrage: pragmatische Einsicht und Säkularisierungsschub 4
2. Ambivalenzen: das Individuum zwischen Standesmediatisierung und Frühformen der Menschenrechte 7
3. Neutralisierung oder Konfessionalisierung öffentlicher Gewalt? 12

III. Pluralisierungsprozesse: Der lange Weg von der landesrechtlichen Duldung zur wechselseitigen Anerkennung als Freie und Gleiche 17
1. Toleranzbestimmungen von der Normaljahrregelung zum ALR 17
2. Religionsfreiheit im deutschen Konstitutionalismus 24
3. Repression im Namen des Fortschritts: der preußische Kulturkampf 29

IV. Von der Weimarer Reichsverfassung bis zum Ende des Dritten Reichs (1919–1945) . 34
1. Die Verhandlungen in der Weimarer Nationalversammlung 34
2. Unsicherheiten im Übergang: das Weimarer Staatskirchenrecht in der Praxis 40
3. Kirche, Religion und Staat im Nationalsozialismus 44

V. Der Weg zum Grundgesetz: 1945–1949 . . . 50
1. Gesellschaftliche Wahrnehmung und Rolle der Kirchen 1945 50
2. Religionspolitik der Alliierten 52
3. Religionsbestimmungen in den vor 1949 verabschiedeten Landesverfassungen . . 53
4. Debatten und Entscheidungen im Parlamentarischen Rat 54

VI. Die religionsrechtliche Entwicklung in der Bundesrepublik (1949–1969) 58
1. Gesetzgebung und Vertragsstaatskirchenrecht 58
2. Rechtsprechung 59
3. Von der Koordinationslehre zu „Kirchen unter dem Grundgesetz“ . . . 61

VII. Ausblick bis zur Gegenwart 65

VIII. Resümee 68

Anhang: Normtexte 1648–1919 in Auswahl 71

Abbildungsnachweise 83

Literaturverzeichnis 85

Stichwort- und Namensverzeichnis 91

Abkürzungsverzeichnis

Abs.	Absatz
Abt.	Abteilung
ALR	Preußisches Allgemeines Landrecht
Art.	Artikel
Bd.	Band
CDU	Christlich Demokratische Union Deutschlands
CSU	Christlich-Soziale Union in Bayern
DDP	Deutsche Demokratische Partei
DDR	Deutsche Demokratische Republik
ders.	derselbe
dies.	dieselben
DNVP	Deutschnationale Volkspartei
DVP	Deutsche Volkspartei
EKD	Evangelische Kirche in Deutschland
EL	Ergänzungslieferung
FDP	Freie Demokratische Partei
GG	Grundgesetz
Hrsg.	Herausgeber
insb.	insbesondere
IPO	Instrumentum Pacis Osnabrugensis
JöR	Jahrbuch des öffentlichen Rechts der Gegenwart
kan.	kanonistisch
n. F.	neue Fassung
Nr.	Nummer
NS	Nationalsozialistisch(e)
NSDAP	Nationalsozialistische Deutsche Arbeiterpartei
s. o.	siehe oben
SPD	Sozialdemokratische Partei Deutschlands
u. a.	unter anderem
USPD	Unabhängige Sozialdemokratische Partei Deutschlands

vgl.	vergleiche
VVDStRL	Veröffentlichungen der Vereinigung der Deutschen Staatsrechtslehrer
WRV	Weimarer Reichsverfassung
Zentrum	Deutsche Zentrumspartei
ZevKR	Zeitschrift für evangelisches Kirchenrecht
ZRG	Zeitschrift für Rechtsgeschichte

I. Rückblick nach vorne

Religiös-weltanschauliche Vielfalt ruft Konflikte um „Anerkennung" hervor. Das Recht spielt eine zentrale Rolle, wenn es darum geht, den religiös-weltanschaulichen Frieden zu sichern, sozialproduktive Seiten der Religion zu stimulieren und destruktive Tendenzen einzuhegen. In den religionsverfassungsrechtlichen Debatten unserer Zeit streiten wir etwa über das Verhältnis von Religionsfreiheit und der allgemeinen Rechtsbefolgungspflicht, von Kunstfreiheit und religiösem „Ehrschutz", über religiös geprägte Kleidung von Staatsdienern, über das richtige Verständnis religiös-weltanschaulicher Neutralität und vieles mehr. In diesen Gegenwartsdebatten spiegeln sich gravierende soziale Umbrüche der bundesrepublikanischen Gesellschaft seit den 1960er Jahren wieder: Zuwanderungen, Säkularisierungsprozesse und die Individualisierung religiöser Identitäten haben das religiös-weltanschauliche Feld grundlegend verändert.[1] Die Zahl der Kirchenmitglieder ist zurückgegangen. Die Prägekraft des Christentums für die Alltagskultur hat nachgelassen. Herkömmliche religiöse Autoritäten haben gegenüber individuellen Überzeugungen und Vorlieben an Bedeutung verloren. Zahlreiche nichtchristliche Religionen sind in Deutschland inzwischen beheimatet. Vor allem Migrationsbewegungen haben Spuren hinterlassen. Ein erheblicher Teil der Bevölkerung sieht sich zudem keiner spezifischen Religionskultur verpflichtet. In etli-

---

[1] Näher etwa *Thomas Großbölting*, Der verlorene Himmel, 2013.

chen urbanen Zentren und in Ostdeutschland sind religiös ungebundene Menschen in der Mehrheit.

Angesichts dieser Entwicklungen liegt es nahe zu fragen, ob unser Religionsverfassungsrecht, das im Kern der Weimarer Reichsverfassung von 1919 entstammt, nicht in die Jahre gekommen ist. Doch so bedeutend die jüngeren Umbrüche in rebus religionis sind: Ohne Kenntnisse des historischen Resonanzraums, der Tiefenschichten des geltenden Rechts laufen wir Gefahr, die jüngere Vergangenheit der frühen Bundesrepublik zu verklären und Herausforderungen der Gegenwart zu dramatisieren. Ein kursorischer Rückblick zeigt, wie prekär religionspolitische Ordnungen über die Zeiten waren. Seit gut 500 Jahren bewegt sich das Religionsrecht im Spannungsfeld von Anpassungen an gesellschaftlichen Wandel und Bewahrung des Status quo. Es gab nie ein goldenes Zeitalter religiös-weltanschaulichen Friedens, in dem normative Ansprüche und gesellschaftliche Wirklichkeit passgenau und konfliktfrei zusammenkamen.

Ohne Wissen über die Geschichte des Religionsrechts bleiben religionspolitische und religionsrechtliche Debatten der Gegenwart aber auch eigentümlich technizistisch. Ein rein sozialtechnologisch verstandenes Religionsrecht wirkt fast zwangsläufig dysfunktional. Ohne die Erinnerung an unsere Religionsrechtsgeschichte lassen sich normative Konzepte wie die Glaubens- und Bekenntnisfreiheit, der Begriff der Religionsgesellschaft, die Organisationsform des öffentlich-rechtlichen Körperschaftsstatus, das hiesige Modell religiös-weltanschaulicher Neutralität und vieles mehr nicht in ihren Tiefengrammatiken aufschlüsseln.

Die Historie gibt uns zwar keine abschließenden Antworten, wie wir den Herausforderungen einer hyperdiversifizierten Gesellschaft heutzutage begegnen können. Doch das geltende Recht ist Teil unseres kulturellen Gedächtnisses und es reflektiert eine mehrhundertjährige Lerngeschichte. Die im geltenden Recht eingelagerten historischen Erfahrungen prägen bis heute gesellschaftliche Wahrnehmungen, Problembewusstsein und Empfindsamkeiten. Religionsrecht ist in hohem Maße pfadabhängig.[2] Auch deshalb ist es angezeigt, sich der Geschichte des Religionsrechts immer wieder neu zu vergewissern.

---

[2] *Matthias Koenig*, Pfadabhängigkeit und institutioneller Wandel im deutschen Religionsrecht, in: Hans Michael Heinig/Christian Walter (Hrsg.), Staatskirchenrecht oder Religionsverfassungsrecht?, 2007, S. 91 ff.

II. Neuzeitliches Religionsrecht unter Bedingungen des nachreformatorischen Bikonfessionalismus

1. Suspendierung der Wahrheitsfrage: pragmatische Einsicht und Säkularisierungsschub

Vorbedingung eines modernen Religionsrechts ist, dass Politik und Religion als theoretische Paradigmen und soziale Praxis über die mittelalterlichen Ordnungsvorstellungen hinaus unterscheidbar werden und in der Folge Staat und Kirche auseinandertreten. Dazu musste überhaupt der neuzeitliche Staat mit der ihm eigenen territorialen Bündelung der Herrschaftsgewalt entstehen. Dieser Prozess war überaus voraussetzungsvoll, verlief vielschichtig, war etappenreich und dauerte seine Zeit.[1] In Mitteleuropa ist er eng mit der konfessionellen Spaltung im 16. Jahrhundert und den im Gefolge ausgetragenen Bürgerkriegen verbunden. Das neuzeitliche Religionsrecht ist im doppelten Sinne ein „Reformationsfolgenrecht". Zum einen verhalf die Reformation anderen theologischen Formen, über politische Ordnung und die Rolle der Kirche nachzudenken, zum Durchbruch. So leistete etwa die von Martin Luther profilierte Lehre von den zwei Regimenten Gottes der funktionalen Differenzierung von Religion und Politik ideengeschichtlich Vorschub.[2] Vor

[1] Siehe etwa *Wolfgang Reinhard*, Geschichte der Staatsgewalt, 2. Auflage 2000; *ders.*, Geschichte des modernen Staates, 2007.

[2] Vgl. gerade auch zu den rechtshistorischen Implikationen

allem aber brannten sich die Verheerungen des dreißigjährigen Krieges tief in das kollektive Gedächtnis des hiesigen Kulturraumes ein. Mitte des 17. Jahrhunderts war die Bevölkerung in Mitteleuropa infolge des Krieges um ein Drittel dezimiert, die ländlichen Regionen waren mehrfach verwüstet, wichtige Städte wurden zerstört. Deutschland brauchte bis ins 19. Jahrhundert, um sich von den volkswirtschaftlichen, demographischen und infrastrukturellen Folgen zu erholen. Katholiken und Protestanten hatten sich bis zur Erschöpfung bekämpft, ohne dass eine Seite einen entscheidenden Sieg davontragen konnte. Anders als in anderen europäischen Ländern konnte keine Konfession die Oberhand gewinnen. Der durch die Reformation entstandene Bikonfessionalismus blieb in Deutschland auf Dauer gestellt.[3]

Aus diesem dramatischen Geschehen zogen die Zeitgenossen weitreichende Konsequenzen. Sie waren kriegsmüde und erkannten, dass der weltliche Frieden nur um einen für die Gläubigen der damaligen Zeit hohen Preis zu erlangen war: der Suspendierung der religiösen Wahrheitsfrage im politischen Raum. So entschied man im Westfälischen Frieden von 1648, dass in den Institutionen des Heiligen Römischen Reiches Deutscher Nation keine Konfessionspartei die andere in religiösen Fragen überwältigen durfte, mithin Mehrheitsentscheidungen unzulässig waren (Art. 5 § 52 Instrumentum Pacis Osnabrugensis oder kurz IPO). Die Reichsorgane wurden paritätisch besetzt (Art. 5 § 53–55 IPO). Beide Konfessio-

---

Harold J. Berman, Law and Revolution II, Cambridge Mas./London 2003; *John Witte, Jr.*, Law and Protestantism, 2002; aus dem deutschsprachigen Raum zuletzt etwa *Peter Unruh*, Reformation – Staat – Religion, 2017.

[3] *Diarmaid MacCulloch*, Die Reformation, 2008.

nen sicherten sich als politische Parteien im Reich „vollständige und gegenseitige Gleichheit“ zu (Art. 5 § 1 IPO). Damit verbunden war ein Diskriminierungsverbot für das gesamte öffentliche Leben (Art. 5 § 35 IPO). Das mit dem Westfälischen Frieden fest in den leges fundamentales des Reiches verwurzelte Institut des itio in partes (Auseinandertretens der Religionsparteien) war die Geburtsstunde des religionsrechtlichen Gleichheitssatzes, der Parität.

Schon der Augsburger Religionsfrieden von 1555 kannte einige der im Westfälischen Frieden vorgesehenen Instrumente zur Sicherung des religiösen Friedens. Doch stand man 1555 noch weit stärker in der politisch-theologischen Sozialordnung der mittelalterlichen Welt. Der 1555 ausgehandelte Kompromiss zielte auf einen vorläufigen modus vivendi, um die Einheit der sichtbaren Kirche wiederherzustellen. Die im damaligen Friedensschluss verwendeten Begriffe wie kirchliches „Amt“ und „Kirchengut“ waren kontroverstheologisch überlagert. Die papsttreue und die protestantische Partei verstanden sie jeweils im Sinne ihrer konfessionellen Grundüberzeugungen. Ein neuer, institutionelle Einheit stiftender Konsens in den theologischen Kontroversen sollte sich nicht einstellen. Die angesonnene befriedende Funktion konnte das Recht unter diesen Umständen nicht erfüllen. Drei Generationen später war der Boden bereitet, einen entscheidenden Schritt in Richtung einer säkularen Rechtsordnung zu gehen: soweit das Reichsrecht theologisch geprägte Begriffe verwandte, sollte jede Partei berechtigt sein, diese Begriffe für ihre Einflusssphäre im eigenen theologischen Selbstverständnis zu deuten. Ein Übergriff auf die andere Religionspartei war hingegen durch den Paritätsgrundsatz ausgeschlossen. Das Recht war hierdurch des theologischen Kerns verlustig gegangen, der ihm im mittelalterlichen orbus christianus noch zugeschrieben wurde. Es wurde Sache der beiden gleichberechtigten Religionsparteien, das säkulare „Rahmenrecht“ (Martin Heckel) je in ihrem Beritt theologisch zu füllen.[4] Diese Anknüpfung an das religiöse Selbstverständnis hat sich bis heute in Kontroversen um unterschiedliche religiös-theologische Deutungsperspektiven bewährt.[5]

2. Ambivalenzen: das Individuum zwischen Standesmediatisierung und Frühformen der Menschenrechte

Der Westfälische Frieden schuf also Rechtsinstrumente zur Bewältigung religiöser Spannungen unter den Bedingungen des durch die Reformation entstandenen Bikonfessionalismus und markiert zugleich eine wichtige Etappe auf dem Weg zum säkularen Staats- und Rechtsverständnis. Vom modernen Verfassungsverständnis unserer Tage war man damals aber noch weit entfernt. Dessen Durchsetzung erfolgte ideengeschichtlich durch das Vernunftrecht der Aufklärung und machtpolitisch durch die amerikanische und französische Revolution Ende des 18. Jahrhunderts. Sie ließen die Idee, dass Freiheit als indi-

---

[4] Zur dieser Konzeption etwa *Martin Heckel*, Weltlichkeit und Säkularisierung, in: ders., Gesammelte Schriften, Bd. 2, 1989, S. 912 (925 ff.).

[5] *Martin Morlok*, Selbstverständnis als Rechtskriterium, 1993; *Hans Michael Heinig*, Deutungsmachtkonflikte als Deutungs- und Machtkonflikte im Religionsrecht, in: Philipp Stoellger (Hrsg.), Deutungsmacht, 2014, S. 411 ff.

viduelle Selbstbestimmung und demokratische Selbstregierung „doppelt genäht“ ist,[6] praktisch werden.[7]

Die Ideenwelt des Westfälischen Friedens hatte mit dem normativen Individualismus, der unsere heutigen menschenrechtlichen und demokratietheoretischen Diskurse auszeichnet, nicht viel gemein. Von Luthers Einsichten in die „Freiheit eines Christenmenschen“ zum modernen Grundnormativ der dem Menschen als Menschen eigenen, in seiner Würde wurzelnden Freiheit und seinem Recht auf Rechte (Hannah Arendt) führt kein direkter Weg. Im Rückblick hat die Reformation einen wichtigen Beitrag zum Ideenarsenal der politischen Moderne geleistet, als sie das Gewissen und die individuelle Gottesbeziehung nobilitierte und damit verbunden (institutionenkritischen) dem Verständnis der sichtbaren Kirche in ihrer organisatorischen Gestalt als notwendige Heilsanstalt eine Absage erteilte. Doch die Reformatoren selbst waren

---

[6] *Ernst-Wolfgang Böckenförde*, Die Bedeutung der Unterscheidung von Staat und Gesellschaft im demokratischen Sozialstaat der Gegenwart (1972), in: ders., Recht, Staat, Freiheit, 1991, S. 209 (226). Zur entsprechenden Freiheitstheorie auch *Christoph Möllers*, Die drei Gewalten, 2008, S. 57 ff. in Anlehnung an *Jürgen Habermas*, Faktizität und Geltung, 1993, S. 154 ff. und öfter.

[7] Die Reformation zur „Grundlage der modernen Welt“ und ihres freiheitlich-demokratischen Verfassungsrechts zu erklären (so *Axel von Campenhausen*, Die Reformation als Grundlage der modernen Welt und des neuzeitlichen Christentums, in: ZRG Kan. Abt. 123 [2006], S. 536 ff.) wird der historischen Komplexität deshalb nicht wirklich gerecht, so sympathisch der urwüchsige Konfessionalismus solcher Verklärungen dem protestantischen Publikum auch sein mag. Wissenschaftliche Beiträge zum Reformationserinnern 2017 haben in diesem Sinne ein differenzierteres Bild gezeichnet, vgl. etwa *Udo Di Fabio/Johannes Schilling* (Hrsg.), Die Weltwirkung der Reformation, 2017.

Abbildung 1: Briefmarke der Deutschen Post zu 350 Jahre IPO

wahrlich keine demokratischen Freiheitskämpfer. Von der Gegenreformation ganz zu schweigen.
Das zeigte sich auch im Westfälischen Frieden: Über die Religionszugehörigkeit (genauer: den Bekenntnisstand) entschied nicht der einzelne, sondern der Landesherr (ius reformandi). Wer regierte, bestimmte auch über das Bekenntnis: cuius regio eius religio. Elemente einer Religionsfreiheit im heutigen Sinne findet man nur in homöopathischer Dosierung: als Recht des Einzelnen, wegen Dissens zur Religion des Landesherrn unter vermögensrechtlicher Schadlosstellung das Land zu verlassen (ius emigrandi – Art. 5 § 36 IPO). Man kann dieses Auswanderungsrecht als erste Erscheinung der Religionsfreiheit deuten,[8] weil hier das Individuum als Träger eigener Rechte in dem noch ganz durch das ständische Denken

[8] Etwa *Martin Heckel*, Religionsfreiheit, in: ders., Gesammelte Schriften, Bd. 4, 1997, S. 647 (661).

Friedens-Schluß/
Wie solcher
Von der
Römischen Käyserlichen/
auch
Königl. Schwedischen
Majest: Majest:
So dann
Des Heil: Römischen Reichs Extraordinari-De-
putirten/ und anderer Chur: Fürsten und Stände Gevollmäch-
tigten und Hochansehnlichen Herren Abgesandten zu Oßnabrück den 27. Ju-
lii (6. Augusti) im Jahr 1648. auffgerichtet und verglichen/ und daselbst den 14. (24.)
Octobris in offentlicher Versamlung unterschrieben und bekräfftiget/
auch den 15. (25.) ejusdem solenniter publicirt
worden/ &c.
Aus dem wahren Original/ wie es bey dem Chur-Mäyntzischen Reichs-
Directorio deponirt worden/
Teutsch und Lateinisch.
Mit Churfl. Durchl. zu Sachsen Gn. Freyheit.
Leipzig/
Gedruckt und verlegt von Timotheo Ritzschen/ im Jahr MDCXLIIX.

Abbildung 2: Druckfassung des IPO

des Spätmittelalters geprägten Friedensschluss anerkannt wird. Die Mediatisierung des Einzelnen durch seine Standeszugehörigkeit wird so punktuell durchbrochen. Zugleich erschien den meisten Zeitgenossen die uns heute selbstverständliche Vorstellung, das Individuum habe als Person eine freie Entscheidungsmacht in religiösen Dingen, geradezu ungeheuerlich. Die Kirche, nun eben verdoppelt gedacht, blieb die selbstverständliche „Sozial- und Integrationsgestalt aller Bürger und Bauern, aller Menschen aller Stände eines geopolitischen Raums".[9] Freiheit meinte die Wahl zwischen „Wahrheit" und „Unwahrheit" – und die Option für die Verleugnung der göttlichen Wahrheit galt nicht als schutzwürdig. Schon der aus der Not des mörderischen Bürgerkrieges geborene modus vivendi zwischen Katholiken und Protestanten sprengte die Grenzen des damaligen theologisch bestimmten Horizonts. Die Friedensgarantien des Westfälischen Friedens bildeten eine wichtige Vorstufe zur modernen Glaubens- und Gewissensfreiheit – und blieben von dieser doch weit entfernt:[10] Jenseits des wechselseitigen Schutzes der katholischen und evangelischen Partei blieb das mittelalterliche Ketzerrecht in Kraft. „Ketzer" und „Schwärmer" wurden unerbittlich verfolgt. Für die Anhänger Zwinglis und Calvins war es deshalb eine Frage von Leben und Tod, ob die Vertreter der Wittenberger Reformation sie als Teil der evangelischen Seite wahrnahmen und ihren Schutz reichsrechtlich mit dem Westfälischen Frieden durchsetzten.[11]

---

[9] *Thomas Kaufmann*, Geschichte der Reformation, 2009, S. 17 f.

[10] *Ansgar Hense*, Zwischen Kollektivität und Individualität, in: Hans Michael Heinig/Christian Walter (Hrsg.), Staatskirchenrecht oder Religionsverfassungsrecht?, 2007, S. 7 (16 ff.); *Christoph Schönberger*, Etappen des deutschen Religionsrechts von der Reformation bis heute, in: ZevKR 62 (2017), S. 333 (337).

[11] *Martin Heckel*, Zu den Anfängen der Religionsfreiheit im Konfessionellen Zeitalter, in: ders., Gesammelte Schriften, Bd. 5, 2004, S. 81 (118); *ders.*, Das Bekenntnis – ein Vexierbild des Staatskirchenrechts?, ebenda, S. 209 (228).

3. Neutralisierung oder Konfessionalisierung öffentlicher Gewalt?

Die Zeit der konfessionellen Bürgerkriege gilt weithin zugleich als Geburtsstunde des säkularen, religiös-weltanschaulich neutralen Staates. Betrachtet man nur die Suspendierung der religiösen Wahrheitsfrage zwischen katholischen und evangelischen Reichsständen durch den Westfälischen Frieden, kann man tatsächlich ein Auseinandertreten von religiöser und politischer Sphäre beobachten. Zugleich aber hat sich in den vorstehenden Erläuterungen schon gezeigt, dass von einer vollständigen religiösen Neutralisierung der Staatsmacht mitnichten gesprochen werden kann. Der Ketzervorwurf blieb lebensgefährlich. Das Reich verstand sich selbstverständlich als christlich und pflegte auch nachreformatorisch seine Sakralitätsanmutungen. Zugleich trat auf der Ebene der Territorialstaaten das Ideal der konfessionellen Geschlossenheit an die Stelle der mittelalterlichen Einheitsvorstellung einer die kirchliche und politische Sphäre übergreifenden res publica christina. Im Gefolge dieser konfessionellen Homogenitätsvorstellung bildeten sich mannigfache Varianten von Staatskirchentum und Staatskirchenhoheit aus. Nicht die religiöse Neutralität des Staates, sondern die Festlegung einer Staatsreligion war also die unmittelbare Folge der konfessionellen Spaltung des Reiches.[12]

---

[12] Kritisch zur These, der neuzeitliche Staat sei als Instrument der Neutralisierung konfessioneller Spannungen entstanden deshalb etwa *Horst Dreier*, Kanonistik und Konfessionalisierung – Marksteine auf dem Weg zum Staat, in: Juristenzeitung 2002, S. 1 ff.; feinsinnig differenzierend *Michael Stolleis*, „Konfessionalisierung" oder „Säkularisierung" bei der Entstehung des frühmodernen Staa-

Im Süden und Norden Europas setzte sich politisch, militärisch und damit auch kirchlich-religiös eine Konfession eindeutig durch: in Skandinavien obsiegte die Reformation, in Italien, Frankreich und Spanien blieb die Gegenreformation erfolgreich. Das deutsche Reich hingegen verharrte im Stadium des bikonfessionellen Gleichgewichts. Das prägte die Religionsgeschichte und damit auch die religionsrechtliche Geschichte Deutschlands. Der in der Reichsverfassung angelegte Dualismus von Reichsständen und Kaiser schaffte Raum für den Dualismus der Konfessionen im Reich. Ohne die politisch-strategischen Interessen der Kurfürsten und Fürsten, die der evangelischen Sache im Konflikt mit Papst und Kaiser beisprangen, wäre die Wittenberger Reformation kaum von Dauer gewesen.[13] Die konfessionelle Spaltung schwächte den Kaiser und verstärkte die vorreformatorisch schon einsetzende Tendenz, dass sich die Staatenbildung im Sinne administrativ-rechtlicher Integration vornehmlich in den einzelnen Territorien des Reiches und nicht im Reich selbst vollzog. Die Reichsexekutive war und blieb schwach.

Im Übergang von in Personenverbünden gedachten polyzentrischen Herrschaftsverflechtungen des Mittelalters zur raumbezogenen Konzentration von Herrschaftsbefugnissen in der Hand des „Souveräns" spielte die Bestimmungsmacht in religiösen Fragen eine wichtige Rolle. Das Prinzip des cuius regio eius religio entsprach dem Macht-

---

tes?, in: Ius Commune 1993, S. 1 ff.; siehe auch *Heinz Schilling*, Konfessionskonflikt und Staatsbildung, 1981; *ders.*, Die Konfessionalisierung im Reich, in: Historische Zeitschrift 246 (1988), S. 1 ff.

[13] Zu den vielfältigen sozialen, politischen, demographischen, ökonomischen Voraussetzungen der Reformation etwa *Thomas Kaufmann*, Geschichte der Reformation, 2009, S. 33 ff.

kalkül der Landesherren. In den evangelischen Territorien verdichtete sich der landesherrliche Einfluss gar zu einem eigengearteten Kirchenregiment. Nach der Kirchenspaltung im 16. Jahrhundert bildete sich für die Kirchen der Reformation langsam in Abgrenzung zum Amts- und Kirchenverständnis der Papstkirche eine neue Sozialgestalt heraus. Diese entfaltete die aus der Grundeinsicht des Priestertums aller Gläubigen erwachsene theologische Mündigkeit aller Kirchenglieder organisatorisch aber nur zögerlich. Elemente einer synodalen Kirchenleitung setzten sich in den lutherisch geprägten evangelischen Kirchentümern in Deutschland erst im 19. Jahrhundert durch.[14] Die Wirren der Reformation führten Luther und Melanchthon die Bedeutung gemeindeübergreifender Strukturen anschaulich vor Augen. Um sicherzustellen, dass das Evangelium „rein gepredigt" und die Sakramente „ordnungsgemäß verwaltet" werden (wie es im Augsburger Bekenntnis heißt), schien ihnen ungeachtet aller evangelischen Freiheit eine gewisse Verbindlichkeit in der theologischen Verständigung, eine rechtliche (wenn auch nicht kanonistische) Ordnung in der Kirche und eine Visitation der Gemeinden unverzichtbar. Doch wurde die Kirchenleitung nicht autonomen Organen, gewählten Synodalen gar, anvertraut, sondern zu einer Angelegenheit der Obrigkeit; die Strategeme der Fürstenreformation wurden auf Dauer gestellt; der Landesherr fungierte als Notbischof (summus episcopus); der sich ausbildende moderne Staatsapparat mit seinen bürokratischen Effi-

---

[14] Siehe *Axel von Campenhausen*, Synoden in der evangelischen Kirche, in: ders., Gesammelte Schriften, 1995, S. 50ff.; zur Einschätzung des Instituts der Synode durch die Wittenberger Reformatoren auch *Christopher Spehr*, Synode als Kirchenleitung, in: Kirche und Recht 2011, S. 13ff.

zienzformen und Machtmitteln übte kirchliche Rechtsetzungs- und Aufsichtsbefugnisse aus. Die Herausbildung einer selbstständigen Kirchenverwaltung (insbesondere durch von den Kultusministerien getrennte Konsistorien) sollte bis weit ins 19. Jahrhundert dauern.[15]

Doch auch in den katholischen Territorien betrieben die Fürsten unter Berufung auf ihre Territorialhoheit handfeste Kirchenpolitik.[16] Nur mühsam konnten beide Kirchen eine relative Autonomie in religiösen Fragen gegenüber den territorialen Herrschaftsansprüchen erringen. Unterschiede wie die zwischen einem ius in sacra und einem ius circa sacra dienten dazu ebenso wie die Umstellung der Legitimationsgrundlagen des landesherrlichen Kirchenregiments (von der Territorial- und Episkopaltheorie zu einer unter dem Einfluss des neuzeitlichen Vernunftrechts stehenden, vereinsrechtlich geprägten Begründung durch den Kollegialismus);[17] es dauerte für die evangelische Kirche Jahrhunderte, die infolge der Reformation etablierte staatliche Bevormundung abzustreifen – und noch viel länger, die Mentalität der aus der Verbindung von Thron und Altar resultierenden autoritätsgläubigen Staatsnähe zu überwinden und durch ein liberal-demokratisch aufgeklärtes bürgerschaftliches Selbstbewusstsein zu ersetzen.

---

[15] Zum Komplex anschaulich *Christoph Link*, Kirchliche Rechtsgeschichte, 2. Auflage 2010, S. 57ff., insb. S. 63f., 102ff., 137ff.

[16] *Christoph Link*, Kirchliche Rechtsgeschichte, 2. Auflage 2010, S. 113ff.

[17] Zur Unterscheidung von ius in sacra und ius circa sacra grundlegend *Johannes Heckel*, Cura religionis, Ius in Sacra, Ius circa sacra, 2. Auflage 1962; zu Episkopal-, Territorial- und Kollegialsystem einführend etwa *Axel von Campenhausen/Heinrich de Wall*, Staatskirchenrecht, 4. Auflage 2006, S. 15ff. mit weiteren Nachweisen.

Fassen wir kurz zusammen: Von einer religiös-weltanschaulich neutralen Staatsmacht kann im unmittelbaren Gefolge des konfessionellen Bellizismus nicht die Rede sein. Vielmehr trat zunächst der konfessionell geschlossene Territorialstaat in seiner reichsrechtlichen Verflechtung auf den Plan. Gleichwohl lässt sich die Ausbildung der Staatskirchenhoheit als Teil einer Ausdifferenzierungsgeschichte erzählen. Denn die jeweiligen Landesherren bezogen die Religionspolitik in ihre macht- und sicherheitspolitischen Klugheitskalküle ein. So relativierte sich die Bedeutung des religiösen Wahrheitsanspruchs und seiner Durchsetzung.[18] Die theologische Legitimation der Befriedungs- und Gestaltungsfunktion öffentlicher Gewalt verlor ihre dominierende Stellung. Ihr traten vernunftrechtliche, kontraktualistische Vorstellungen der Staatsmachtbegründung (etwa bei Thomas Hobbes oder John Locke) zur Seite. Das Gewaltmonopol des Staates erschien im Horizont der Erfahrung des konfessionellen Bürgerkriegs zunehmend als „säkularer" Selbstzweck. Staatsgewalt ließ sich zwar auch theologisch nobilitieren, sie war darauf aber in ihrem sozialtheoretischen und legitimationsstiftenden Selbststand nicht mehr zwingend angewiesen.

---

[18] *Ernst-Wolfgang Böckenförde*, Die Entstehung des Staates als Vorgang der Säkularisation, in: ders., Recht, Staat, Freiheit, 1991, S. 92 (104).

III. Pluralisierungsprozesse: Der lange Weg von der landesrechtlichen Duldung zur wechselseitigen Anerkennung als Freie und Gleiche

Das im Westfälischen Frieden statuierte Leitbild des homogen-geschlossenen Konfessionsstaates unter dem Dach der gleichberechtigten Koexistenz zweier Religionsparteien im Reich folgte fast zwangsläufig aus der traditionellen Kollektivierung des Einzelnen, die mit der Reformation keineswegs zu einem Ende kam. Im ius reformandi wirkte die Durchsetzung des theologischen Wahrheitsanspruchs des Christentums mit den Mitteln öffentlicher Gewalt nach, die mit der konstantinischen Wende in der Spätantike ihren Anfang nahm. Eine reichsrechtliche Garantie individueller Glaubensfreiheit hätte den Fortbestand des Reiches wohl ernsthaft in Frage gestellt.

1. Toleranzbestimmungen von der Normaljahrregelung zum ALR

Doch Anspruch und Wirklichkeit der religiös-territorialen Homogenität fielen auseinander. Das Ideal der klaren Scheidung der Konfessionen in unterschiedliche Territorien wurde schon im Westfälischen Frieden durch eine Normaljahrregelung getrübt. Viele erlitten in den Wirren des 30jährigen Krieges das Schicksal von Flucht und Vertreibung; zugleich wechselte im kriegerischen Geschehen immer wieder mit dem Landesherrn auch dessen Konfession. Vor diesem Hintergrund gewährte der Westfälische Frieden eine Art Bestandsschutz für den Status quo des Jahres 1624. Wer in dem Jahr seine Religion an seinem Wohnort rechtmäßig ausüben konnte, sollte dies auch weiterhin dürfen. Dabei unterschied das Reichsrecht zwischen der öffentlichen Religionsausübung (exercitium religionis publicum), der privaten Religionsausübung (exercitium religionis privatum) und der Hausandacht (devotio domestica simplex). Die durch das Normaljahr geschützte private Religionsausübung umfasste nicht den Bau von repräsentativen Gotteshäusern mit Kirchtürmen, Glocken und sichtbaren Eingangsportalen. Wer nicht durch die Normaljahresregelung geschützt wurde, konnte gleichwohl geduldet werden und damit zur Hausandacht berechtigt sein. Eine reichsrechtliche Pflicht bestand dazu aber nach 1648 zunächst nicht.

In der Praxis zeigte sich schnell, dass die Reichsstände gut beraten waren, das ius reformandi zurückhaltend auszuüben. Gerade infolge von Gebietsverschiebungen etablierten sich Toleranzregime; mit ihrer Hilfe sicherte man sich die Loyalität der durch Krieg oder Erbfolge hinzugewonnenen Untertanen oder brachte diese zumindest nicht ohne Not gegen sich auf. Politische Klugheit stach religiöses Eifertum aus. Als besonders fortschrittlich gilt in dieser Hinsicht das preußische Herrscherhaus. Nach dem Übertritt des Kurfürsten Johann Sigismund zum Calvinismus 1613 musste die lutherische Bevölkerung nicht folgen. Bestrebungen, eine calvinistische Reformation über den Hof hinaus top down durchzusetzen, wurden alsbald aufgegeben.[1] 1672 wurde für Jülich-Kleve die freie Bekenntniswahl zugelassen; 1685 wurden mit dem Potsdamer Edikt gezielt

1 *Christopher Clark*, Preußen, 2007, S. 146 ff.

Hugenotten aus Frankreich angesiedelt, die ökonomisch interessante Kenntnisse und Fertigkeiten mitbrachten.[2] Der Ausspruch Friedrichs II., jeder möge in Preußen nach seiner Façon selig werden, ist bis heute Gemeingut. In Klammern wäre zu setzen: solange er dabei Preußens Interessen dient. Denn die preußische Toleranzpolitik folgte der Staatsraison. Der zuweilen hohe Ton moralischer Fortschrittlichkeit blieb stets Teil handfester Macht- und Interessenpolitik.

Das zeigt sich auch im Wöllnerschen Religionsedikt von 1788. Es garantierte den freien Konfessionswechsel in Preußen und bezog Herrnhuter, Mennoniten sowie die böhmische Brüdergemeinde in das überkommene Toleranz- und Duldungskonzept (mit dem ius domesticae, dem Recht zur Hausandacht) ein;[3] zugleich diente es aber auch der Unterdrückung aufklärerisch-rationalistischer theologischer Strömungen in der evangelischen Kirche. Die theologische Orthodoxie sollte aus Sorge um die policeyliche, d.h. die soziale Kontroll- und Disziplinierungsfunktion der Kirche die Oberhand behalten.[4] Auf Grundlage des Edikts wurde kein Geringerer als Immanuel Kant für seine Schrift „Die Religion innerhalb der Grenzen der bloßen Vernunft“ 1794 gemaßregelt.[5]

1794 trat auch das preußische Allgemeine Landrecht (ALR) in Kraft. Es steht in seiner vernunftrechtlichen Prä-

---

[2] *Christopher Clark*, Preußen, 2007, S. 172f.

[3] Positive Würdigung bei *Christopher Clark*, Preußen, 2007, S. 318f.

[4] Zur guten Policey, Policeywissenschaft und Policeyrecht näher *Michael Stolleis*, Geschichte des öffentlichen Rechts in Deutschland, Bd. 1, 1988, S. 334ff.; auch *Thomas Simon*, „Gute Policey“ – Ordnungsleitbilder und Zielvorstellungen politischen Handelns in der Frühen Neuzeit, 2004.

[5] *Ernst Rudolf Huber*, Deutsche Verfassungsgeschichte seit 1789, Bd. 1, 2. Auflage 1967, S. 109.

gung, aber eben auch mit seinen Beschränkungen und Kautelen pars pro toto für das Religionsrecht seiner Zeit: Das ALR gewährte dem Einzelnen die freie Bekenntniswahl. Dieses als „vollkommene Glaubens- und Gewissensfreyheit" bezeichnete Grundrecht war nach heutigen Maßstäben mangels Freiheit zum Austritt wenig vollkommen (Teil II Titel 11 §2 ALR). Zugleich legte das ALR ohne Umschweife offen, dass Religion ein wichtiges ordnungs- und gesellschaftspolitisches Instrument des aufgeklärten Wohlfahrtsstaates war: „Religionsgesellschaften, welche sich zur öffentlichen Feier des Gottesdienstes verbunden haben", waren verpflichtet, „ihren Mitgliedern Ehrfurcht gegen die Gottheit, Gehorsam gegen die Gesetze, Treue gegen den Staat und sittlich gute Gesinnungen gegen ihre Mitbürger einzuflößen" (Teil II Titel 11 § 11 und § 13 ALR). Zudem war die Kultusfreiheit nicht als Individualrecht ausgestaltet, sondern nur korporativ garantiert. In Anlehnung an die überkommenen Regelungen des Westfälischen Friedens unterschied sich der Freiheitsgrad je nachdem, ob es sich um eine Gemeinschaft mit rein häuslichen oder sonstigen nichtöffentlichen Gottesdiensten, um geduldete Kirchengesellschaften oder um öffentlich aufgenommene Kirchengesellschaften handelte. Bei letzteren genossen die Kirchgebäude einen besonderen Schutz und die Religionsdiener wurden den staatlichen Beamten gleichgestellt. Den bloß geduldeten Kirchengesellschaften waren öffentliche Prozessionen und der Einsatz von Glocken verwehrt; der Erwerb von Grundstückseigentum bedurfte der besonderen staatlichen Erlaubnis. Über beide Arten von Kirchengesellschaften behielt sich der Staat umfassende Aufsichtsrechte vor, die sich auf Vermögensfragen ebenso erstreckten wie auf Einzelheiten der kirchlichen Amtsführung. Zur Schwächung der kirchlichen Selbstorganisation wurde nur den Ortsgemeinden ermöglicht, als juristische Personen am Rechtsverkehr teilzunehmen. Die Religionsgesellschaft als solche war hingegen nicht rechtsfähig.

Das Religionsrecht des preußischen Allgemeinen Landrechts stand ganz unter dem Einfluss des Vernunftrechtsdenkens seiner Zeit.[6] Samuel Pufendorff wirkte prägend. Der mit dem ALR eingeführte Schlüsselbegriff der Religionsgesellschaft hat sich uns bis heute erhalten.[7] Er ist durch Art. 140 GG auch für das heutige Religionsverfassungsrecht von zentraler Bedeutung. Im Kontext des ausgehenden 18. Jahrhunderts bewirkte er einen neuerlichen Säkularisierungsschub. Denn er war aller theologischen Vorstellungen über das Wesen der Kirche entkleidet. Religionsgesellschaften begegnen uns im preußischen Landrecht nicht als kraft göttlichem Ratschluss und heiliger Stiftung eingesetzte Heilsinstanz, sondern ganz schnöde als Zusammenschluss mehrerer Einwohner zur gemeinsamen Religionsausübung. Wir erinnern uns: den Akteuren der Reformationszeit bis hin zum Westfälischen Frieden galten Überlegungen zur freien religiösen Vergemeinschaftung „als sektiererisch und häretisch".[8] Vor diesem Hintergrund bezeugt das ALR die mentalitäts- und institutionsgeschichtlichen Verschiebungen im religiösen Gefüge seit dem 17. Jahrhundert.[9] Doch wird der sogenannte „kollegialis-

---

[6] Näher *Peter Landau*, Das Kirchenrecht des Allgemeinen Landrechts für die Preußischen Staaten im 19. Jahrhundert, in: ders., Grundlagen und Geschichte des evangelischen Kirchenrechts und Staatskirchenrechts, 2010, S. 175 ff.

[7] Siehe etwa *Hermann Kästner*, Religionsgesellschaft, in: ders., Gesammelte Schriften, 2011, S. 45 ff.

[8] *Thomas Kaufmann*, Geschichte der Reformation, 2009, S. 16.

[9] *Stefan Korioth*, Etappen des Religionsrechts von der Reformation bis heute, in: ZevKR 62 (2017), S. 348 (351).

Abbildung 3: Samuel Pufendorf, dessen Vernunftrechtslehre das ALR beeinflusste.

Abbildung 4: Titelbild des ALR

tische" Ansatz im ALR dann nicht konsequent freiheitsrechtlich durchdekliniert, sondern von einem handfesten Territorialismus, d.h. weitreichenden Souveränitätsansprüchen in rebus religionis, überlagert. Gerade diese Gemengelage aus aufklärerischem Gedankengut, weit reichenden staatlichen Hoheitsrechten, einer bloß als Kollektivrecht ausgestalteten Kultusfreiheit und dem Fehlen der negativen Religionsfreiheit, kurz: die Abwehr des von Frankreich und Amerika ausgehenden menschenrechtlichen Impulses, macht das Landrecht zum typischen Repräsentanten staatskirchenrechtlicher Regelungen seiner Zeit in den deutschen Territorialstaaten. Sie ließen den Westfälischen Frieden hinter sich, waren aber im modernen Verfassungsstaat westlicher Prägung noch nicht angekommen. Es sollten noch mehr als hundert Jahre vergehen, bis sich Deutschland in die Spur der westlichen Verfassungsdemokratie einfädelt.

2. Religionsfreiheit im deutschen Konstitutionalismus

Vorher war die lange Phase des deutschen Konstitutionalismus zu durchschreiten. Das alte Reich zerbrach infolge der Napoleonischen Eroberungskriege; 1806 legte Kaiser Franz II. die Kaiserkrone nieder. Drei Jahre vorher wurde Deutschland durch den Reichsdeputationshauptschluss neu geordnet. Das Leitbild konfessionell homogener Landesterritorien war damit endgültig ad acta gelegt. Sämtliche reichsunmittelbaren geistlichen Fürstentümer wurden säkularisiert und Stifte, Abteien und Klöster der Disposition des Landesherrn überstellt. Durch den Wegfall von Pfründen wurde es für den Adel weniger attraktiv, Ämter im Klerus zu übernehmen. Die leitende Geistlichkeit entfeudalisierte sich; ihre Herrschaftsfunktionen traten hinter die geistlichen Funktionen zurück.[10]

Doch nicht nur die Kirche geriet in den Sog tiefgreifender Wandlungsprozesse. Die Niederlage Preußens in den Napoleonischen Kriegen war ein Schockerlebnis für die damalige Gesellschaft und entfesselte einen nie gekannten Reformaktivismus, gleichsam eine „Revolution von oben".[11] In Süddeutschland zeigten sich erste Ansätze einer modernen Verfassungsgebung. An die Stelle der alt-

---

[10] *Werner Frotscher/Bodo Pieroth*, Verfassungsgeschichte, 9. Auflage 2010, S. 84.

[11] *Thomas Nipperdey*, Deutsche Geschichte 1800–1866, 1983, S. 32.

ständischen Verfassungen traten in Bayern, Baden und Württemberg 1818/1819 zwischen Fürst und Ständen vereinbarte Konstitutionen, die auch zarte Ansätze des modernen Grundrechtsdenkens erkennen ließen. Grundrechte wurden freilich nicht als natürliche Menschenrechte verstanden, sondern als Bürgerrechte, die zur politischen Disposition standen. Den Angehörigen der christlichen Religionsparteien[12] wurde Gewissensfreiheit und staatsbürgerliche Gleichheit garantiert; die Angehörigen anderer Bekenntnisse hingegen blieben einem Status Minor verhaftet. Auch an eine korporativen Gleichstellung aller Religionsgemeinschaften fehlte es.[13]

Bereits 1815 bestimmte auf dieser Linie die nach dem Scheitern des napoleonischen Expansionsstrebens auf dem Wiener Kongress ausgehandelte Deutsche Bundesakte die bürgerliche und staatsbürgerliche Gleichheit der „christlichen Religions-Partheyen". Die bürgerliche Emanzipation der Juden wurde durch die Bundesakte angestrebt, aber nicht vollzogen. Der Wiener Kongress stand ganz im Zeichen der Restauration, die auch in den Gliedstaaten die Oberhand gewann.

So scheiterten die Verfassungsbestrebungen in Preußen und Österreich in der ersten Hälfte des 19. Jahrhunderts. Der ministerielle Reformeifer in Preußen blieb sozialtechnologisches Stückwerk. Dem alsbald einsetzenden Ringen zwischen Staat und Kirche fehlte es in Preußen an der freiheitlichen Grundierung des Verfassungsstaates: Nach der Niederlage Napoleons konnte sich Preußen das Rheinland und Westfalen als neue Provinzen einverlei-

---

[12] Wobei der Begriff der Religionspartei wie im preußischen Landrecht (s. o.) in Deutschland zunehmend korporatistisch als Religionsgesellschaft verstanden wurde.

[13] *Horst Dreier*, Staat ohne Gott, 2018, S. 82.

ben. In diesen stark katholisch geprägten Provinzen kam es zum politischen Kräftemessen zwischen Staat und (römisch-katholischer) Kirche. Staatlicher Souveränitätsanspruch und kirchliches Autonomiestreben im Schatten traditioneller klerikaler Suprematieansprüche standen sich etwa gegenüber, wenn Bischofsstühle zu besetzen waren oder es um das Recht der Eheschließung zwischen Paaren unterschiedlicher Konfession ging.[14]

Doch auch in der evangelischen Kirche zeichneten sich Bestrebungen zur Eigenständigkeit ab. Die von Friedrich Wilhelm III. vorangetriebene Union der lutherischen und reformierten Bekenntnisstände stieß auf erheblichen Widerstand; die Forderung nach Mitbestimmung in der Kirche kam auf – in gewisser Parallele zu Demokratisierungsbestrebungen im Politischen. Die 1835 erlassene Rheinisch-Westfälische Kirchenordnung führte presbyterial-synodale Vertretungsorgane ein und sollte zum Vorbild für die evangelischen Kirchentümer in ganz Deutschland werden.[15]

Einen grundlegenden Wandel im Staat-Kirchen-Verhältnis hätte 1848 die Paulskirchenverfassung mit sich gebracht, wenn denn die bürgerliche Revolution erfolgreich gewesen wäre. Sie sah in § 144 eine umfassende Garantie der Glaubens- und Gewissensfreiheit vor; auch die öffentliche Ausübung der Religion sollte keinen Beschränkungen mehr unterliegen. Das Staatskirchentum sollte abgeschafft werden, kirchliche Vorrechte sollten entfallen, zugleich sollte gesichert sein, dass Religionsgesellschaften ihre eigenen Angelegenheiten selbstständig ordnen und

---

[14] *Christoph Link*, Kirchliche Rechtsgeschichte, 2. Auflage 2010, S. 126 ff.

[15] *Rudolf Smend*, Zur neueren Bedeutungsgeschichte der evangelischen Synode, in: ZevKR 10 (1963/64), S. 248 ff.

Abbildung 5: Nationalversammlung in der Paulskirche (© Deutsches Historisches Museum, Berlin)

verwalten und dieses Recht nicht durch Sondergesetze eingeschränkt werden kann. Die Paulskirchenverfassung nahm wesentliche Züge des 1919 verabschiedeten Religionsverfassungsrechts vorweg und wirkte maßstabsetzend. Doch der Versuch, Religionsfreiheit umfassend und d. h. auch institutionell durchzudeklinieren, scheiterte, als das preußische Königshaus die angetragene Kaiserwürde ablehnte und die Reichsverfassung verwarf. Die liberalen Kräfte verspielten die Chance, einen deutschen Nationalstaat als demokratischen Verfassungsstaat zu schaffen. Die restaurativen Kräfte erwiesen sich als stärker.

Doch selbst Preußen konnte sich der Sogkraft des Konstitutionalismus in der Folge nicht gänzlich entziehen.

1850 wurde eine preußische Verfassung oktroyiert, die in Religionsfragen vordergründig Anleihen am Frankfurter Entwurf einer Reichsverfassung nahm und doch an entscheidenden Stellen Abweichungen aufwies. Die preußische Verfassung kannte wie der Paulskirchenentwurf das Recht der Religionsgesellschaften, die eigenen Angelegenheiten selbständig zu ordnen und zu verwalten – aber kein Sonderrechtsverbot. Ein Anspruch auf Verleihung der öffentlichen Korporationsrechte und damit auf Gleichstellung mit der evangelischen und römisch-katholischen Kirche wurde den anderen Religionsgesellschaften ausdrücklich nicht eingeräumt (Art. 13). Die Religionsfreiheit wurde nun endlich allen Religionen zugestanden – und zwar unter Einschluss der öffentlichen Religionsausübung; zugleich aber nahm die Verfassung das von Friedrich Julius Stahl prominent gemachte Ideal des christlichen Staates auf.[16] In Art. 14 hieß es: „Die christliche Religion wird bei denjenigen Einrichtungen des Staates, welche mit der Religionsausübung im Zusammenhang stehen, unbeschadet der im Art. 12 gewährleisteten Religionsfreiheit, zum Grunde gelegt." In der Konsequenz gab es weder für Lehrer noch für Eltern und Schüler einen Anspruch auf Befreiung vom Religionsunterricht.[17]

[16] *Friedrich Julius Stahl*, Die Philosophie des Rechts nach geschichtlicher Ansicht, Bd. 2, Erste Abteilung 1833/2. Abteilung 1837; näher *Michael Stolleis*, Geschichte des öffentlichen Rechts in Deutschland, Band 2, 1992, S. 152 f.; *Horst Dreier*, Staat ohne Gott, 2018, S. 87 verweist zurecht darauf, dass Stahls Vorstellungen eines christlichen Staates weiter reichten und sich nicht umfänglich durchsetzen.

[17] *Horst Dreier*, Staat ohne Gott, 2018, S. 89.

3. Repression im Namen des Fortschritts: der preußische Kulturkampf

Wie gering der Beitrag der preußischen Verfassung zur „Verrechtlichung der Politik“ war,[18] zeigte sich im sogenannten Kulturkampf, einer Reihe von antikatholischen Maßnahmen nach der Reichsgründung 1871.

Abbildung 6: Karikatur aus der Zeit des Kulturkampfes

[18] Zu dieser verfassungsspezifischen Funktion etwa *Niklas Luhmann*, Verfassung als evolutionäre Errungenschaft, in: Rechtshistorisches Journal 9 (1990), S. 176 ff.

Die Reichsverfassung selbst war als reines Organisationsstatut ausgestaltet. So konnte sie keinen Beitrag zur Entfaltung religiöser Freiheit, zur Gleichstellung der Religionen und zur Emanzipation der Kirchen aus staatlicher Bevormundung leisten. Stattdessen wurde Religion Bestandteil der „inneren Reichsgründung“[19] durch Bismarck: Die nationalstaatliche Einigung Deutschlands erfolgte spät und als Fürstenbund ohne demokratische Legitimation. Umso mehr brauchte das Reich kollektive Identitätsstiftung und nichts einte nach dem damaligen Erfahrungshorizont mehr als der Kampf gegen echte und vermeintliche Feinde. Als solche wurden die unter dem Einfluss einer „fremden Macht“, nämlich dem Papst, stehende katholische Kirche sowie die international gesonnene Arbeiterbewegung ausgemacht. Der Kulturkampf gegen die römisch-katholische Kirche, die repressive Sozialistengesetzgebung und der Aufbau einer staatlich gelenkten Wohlfahrtsbürokratie und damit der Beginn des modernen Sozialstaates gingen Hand in Hand. Jeweils ging es um die rabiate Durchsetzung eines protestantisch-aufklärerischen Staatsethos als nationaler Leitkultur.[20] Die Kurie der römisch-katholischen Kirche „eignete“ sich als Feindbild auch deshalb, weil sie sich in der zweiten Hälfte des 19. Jahrhunderts als modernitätsfeindliche Kraft radikalisierte. Der Kampf gegen den „Ultramontanismus“ einte die durch die Ideen des Liberalismus und Nationalismus geprägten Eliten im Reich und schwächte nebenbei die Zentrumspartei als mit Bismarcks

---

[19] *Florian Tennstedt*, Peitsche und Zuckerbrot oder ein Reich mit Zuckerbrot?, in: Zeitschrift für Sozialreform 43 (1997), S. 88 (95, 98).

[20] Zu den religiösen Grundierungen leitkultureller Konflikte der Zeit auch *Kurt Nowak*, Geschichte des Christentums in Deutschland, 1995, S. 149 ff.

Anhängern rivalisierende innenpolitische Kraft. Für den polemisch besetzten Begriff „Kulturkampf" zeichnete übrigens der berühmte Virologe Rudolph Virchow verantwortlich, der damit den „Kampf für die Kultur" und gegen den Autoritätsanspruch der katholischen Kirche bezeichnet wissen wollte. Knapp 50 Jahre später meinten die Zeitgenossen die Überlegenheit der deutschen „Kultur" gegenüber der französischen „civilisation" dann kriegerisch dokumentieren und einen nie gekannten Weltenbrand entfesseln zu müssen. Im Vergleich dazu nahm sich der Kulturkampf harmlos aus und doch bildete er ein traumatisches Erlebnis für den deutschen Katholizismus im soeben erst geschaffenen Nationalstaat – ein Trauma, das auch in den allgemeinen Kanon religionspolitischer Sinnstiftung aufgenommen wurde. Zu den Kampfinstrumenten zählten etwa die Kriminalisierung der öffentlichen Wortverkündigung durch die Verabschiedung des sog. Kanzelparagraphen im Strafgesetzbuch (1871),[21] das Verbot des Jesuitenordens (1872), später dann nahezu aller Orden und geistlichen Kongregationen (1875), die vollständige Verstaatlichung der Schulaufsicht (1872), in die kirchliche Ausbildung des geistlichen Nachwuchses tief eingreifende Vorschriften zur Vorbildung und Anstellung von Geistlichen (1873) oder die Einführung der obligatorischen Zivilehe und des Verbots der kirchlichen Voraus-

---

[21] § 130a StGB lautete: „Ein Geistlicher oder anderer Religionsdiener, welcher in Ausübung oder in Veranlassung der Ausübung seines Berufes öffentlich vor einer Menschenmenge; oder welcher in einer Kirche oder an einem anderen zu religiösen Versammlungen bestimmten Orte vor Mehreren Angelegenheiten des Staates in einer den öffentlichen Frieden gefährdenden Weise zum Gegenstande einer Verkündigung oder Erörterung macht, wird mit Gefängniß oder Festungshaft bis zu zwei Jahren bestraft."

trauung (1875).[22] In der Folge wurden ca. 1.800 Geistliche der römisch-katholischen Kirche in Haft genommen oder des Landes verwiesen, ohne dass sich die römisch-katholische Kirche beugte. Ihre Organisationsfähigkeit litt, doch in der theologischen Lehre und ihren maßgeblichen politischen Ordnungsvorstellungen blieb sie „renitent".

Die religionsfreiheitlichen Garantien der preußischen Verfassung vermochten den Anfängen des Kulturkampfes nicht zu wehren, aber diesen doch immerhin zu hemmen. Deshalb wurde das Religionsverfassungsrecht Preußens 1873 mit dem Ziel novelliert, der staatlichen Repressionspolitik auch verfassungsrechtliche Weihen zu verleihen und den offensichtlichen Widerspruch zwischen staatlicher Religionspolitik und Verfassung abzumildern.

1878 setzten schließlich beiderseitige Bemühungen ein, den Konflikt nicht weiter eskalieren zu lassen. Die „Regierung Ihrer Majestät" wollte freie Hand bei der Bekämpfung sozialdemokratischer „Umtriebe" haben. Katholische Kirche und Staat fanden aber nur mühsam zu einem modus vivendi. Zahlreiche gesetzliche und administrative Maßnahmen wurden aufgehoben oder abgeändert. Manche Instrumente (wie das Erfordernis eines theologischen Hochschulstudiums für Priester) wurden später konkordatsrechtlich verstetigt. Anderes wie die staatliche Ermöglichung des Kirchenaustritts mit bürgerlicher Wirkung oder die obligatorische Zivilehe überdauerte die Zeit des Kulturkampfes und blieb.[23] Vor allem

---

[22] Minutiöse Dokumentation bei *Ernst Rudolf Huber/Wolfgang Huber*, Staat und Kirche im 19. und 20. Jahrhundert, Bd. 2, 1976, S. 522 ff.; im Überblick *Rudolf Morsey*, Der Kulturkampf, in: Essener Gespräche zum Thema Staat und Kirche 34 (2000), S. 5 ff.

[23] Das Verbot der kirchlichen Voraustrauung wurde zum 1. Januar 2009 aufgehoben.

aber brannte sich in das kollektive Gedächtnis die Erfahrung ein, wie der Staat Ende des 19. Jahrhunderts rabiate Einflussnahme auf eine Religionskultur und ihre akademische Reflexion (also Theologie) durch den Zwang zu rationalistischer Fortschrittlichkeit zu legitimieren suchte, gerade dadurch aber die normativen Grundeinsichten des modernen Verfassungsstaates verriet.[24] Auf Dauer lernten Kirche und Staat daraus. Die Kirche setzte ihren Freiheitsanspruch mit dem Übergang zum demokratischen Verfassungsstaat durch und der Staat entwickelte in der Folgezeit subtilere Methoden der Einflussnahme und Sicherung kirchlicher Loyalität – etwa durch finanzielle Förderung und kooperative Einbindung. Zur Perfektion getrieben wurden solche Arrangements in den Anfangsjahren der frühen Bundesrepublik. Bis dahin waren freilich noch schwere religionspolitische Konflikte zu bestehen: die verfassungsrechtliche Neuorientierung 1918 sowie der Kirchenkampf im Nationalsozialismus.

---

[24] An diese Lektion wäre in manchen Debatten über „den" Islam in Deutschland heutzutage wieder zu erinnern.

IV. Von der Weimarer Reichsverfassung bis zum Ende des Dritten Reichs (1919–1945)

1. Die Verhandlungen in der Weimarer Nationalversammlung

Welche Zäsur das Jahr 1918 für die damaligen Zeitgenossen bedeutete, ist heute nicht ohne weiteres nachzuvollziehen. Vor allem die künstlerischen Zeugnisse, Literatur und darstellende Kunst der damaligen Zeit vermitteln uns Nachgeborenen einen Eindruck davon, als wie tiefgreifend man die Zeitenwende erlebte. Das lange 19. Jahrhundert war zu Ende und eine neue Zeit brach an. Der erste Weltkrieg und die deutsche Niederlage brachten tiefgreifende soziale, administrative, wirtschaftliche und kulturelle Veränderungen mit sich. Die Kriegswirtschaft verstärkte den Trend zum modernen Interventionsstaat. Scharfe ideologische Gegensätze prallten 1918 aufeinander: Trauer um den Verlust alter Ordnungen und traditioneller Rollenmuster einerseits, Hoffnung auf Emanzipation, Bildung und Wohlfahrt andererseits, Kulturpessimismus und Fortschrittsoptimismus, Marxismus und Kapitalismus, Internationalismus und Nationalchauvinismus. Ideologien waren starke Triebfedern in der damaligen Gesellschaft. Davon konnte das Religionsthema nicht unberührt bleiben. Umso erstaunlicher ist, dass man 1918/1919 zu Lösungen fand, die bis heute Bestand haben und immer noch zukunftsweisend sind.

Gerade auf dem religiös-kirchlichen Feld war der Bedarf nach einer verfassungsrechtlichen Neuordnung groß. Die Landesfürsten hatten in den revolutionären Wirren 1918 abzudanken; damit kam das landesherrliche Kirchenregiment als Organisationsprinzip des deutschen Protestantismus an sein Ende. Zugleich waren mit dem Ende monarchischer Souveränitätsvorstellungen auch die obrigkeitsstaatlich begründeten Einwirkungsrechte des Staates auf die beiden großen Kirchen in Frage gestellt. Die traditionelle cura religionis des Staates hatte für Teile des politischen Spektrums als religionspolitische Maxime ebenso ausgedient wie das Leitbild des „christlichen Staates“. Auf der anderen Seite standen jene Kräfte, für die die Religion und ihre Institutionalisierung in Form der „Volkskirche“ das maßgebliche, weil krisenresistente Integral der Gesellschaft blieb und die den kulturhegemonialen Anspruch des Christentums nicht fahren lassen wollten.[1] Ihnen gegenüber drängten die lange Zeit zunächst verfolgten, dann marginalisierten kleineren Religionsgemeinschaften und die im 19. Jahrhundert entstandenen Weltanschauungsgemeinschaften auf öffentliche Anerkennung und rechtliche Gleichstellung.

Liest man heute die Protokolle der Verhandlungen in der Weimarer Nationalversammlung zu Fragen von Religion, Staat und Kirche, beeindrucken das intellektuelle Niveau und politische Geschick gleichermaßen. Die sogenannte Weimarer Koalition (bestehend aus SPD, Zentrum und DDP) war in Religionsfragen denkbar uneinig; die erforderliche Mehrheit war nur durch Kompromisse zu finden.

Die damals noch stark vom Marxismus geprägte SPD favorisierte (wie die USPD) eine scharfe Trennung von

---

[1] *Kurt Nowak*, Geschichte des Christentums in Deutschland, 1995, S. 207 f.

Abbildung 7: Weimarer Nationalversammlung
(© Deutsches Historisches Museum, Berlin)

Staat und Kirche. Religion war ihnen bloß Privatsache – und aus dem öffentlichen Raum zu verdrängen oder, noch besser, ganz zu überwinden. Deshalb entsprach der im Reichsinnenministerium erarbeitete Vorentwurf für eine Verfassung durchaus ihren Vorstellungen: Er beschränkte sich auf eine Garantie der Glaubens- und Gewissensfreiheit, der religiösen Vereinigungsfreiheit sowie ein Verbot religiöser Diskriminierungen.[2] Die Gesetzgebungskompetenz sollte bei den Ländern liegen. Eine solche Verfassung hätte eine handfeste Trennungspolitik ermöglicht, die auf kirchliche Bestandsinteressen keine Rücksicht

[2] *Ernst Rudolf Huber/Wolfgang Huber*, Staat und Kirche im 19. und 20. Jahrhundert, Bd. 4, 1988, S. 108 f.

nehmen muss. Einen Vorgeschmack darauf vermittelten die Länder, in denen sich 1918/1919 eine Art kirchenfeindliches „republikanisches Staatskirchentum"[3] ausgebildet hatte. Das klingt paradox und war es auch: Soweit die Kirchenleitung in den evangelischen Landeskirchen nicht vor der Abdankung des Monarchen auf kircheneigene Organe übertragen wurde, beanspruchten die revolutionären Linksregierungen die summepiskopalen Rechte, um ihrer Trennungspolitik Durchschlagskraft zu verleihen und auch kirchliche Organisationsfragen in ihrem Sinne zu beeinflussen. So wurde in Preußen die Kirchenleitung der altpreußischen Kirche drei evangelischen Staatsministern übertragen und zugleich seitens des preußischen Kultusministeriums ein radikales Trennungsprogramm ins Werk gesetzt.[4]

Sozialdemokraten und Kommunisten setzten sich mit der Inanspruchnahme des landesherrlichen Kirchenregiments nicht nur in Widerspruch zu ihren eigenen programmatischen Aussagen, sondern mobilisierten auch das bürgerliche und nationalkonservative Lager in den anlaufenden Verfassungsverhandlungen: Es galt ihnen, den besonderen öffentlich-rechtlichen Status sowie zahlreiche überkommene Rechte der Kirchen zu erhalten. Das Zentrum als parlamentarische Repräsentanz des Katholizismus legte zudem auf die Gewährleistung kirchlicher Selbstverwaltung besonderen Wert. Unter dem Eindruck „unerhörtester Eingriffe in die Rechte der Kirche, die sich ... in einzelnen Bundesstaaten ereignet" hätten, verlangten die Parteien (rechts) der Mitte, in die Reichsverfassung re-

---

[3] *Christoph Link*, Kirchliche Rechtsgeschichte, 2. Auflage 2010, S. 171.

[4] Näher *Ernst Rudolf Huber/Wolfgang Huber*, Staat und Kirche im 19. und 20. Jahrhundert, Bd. 4, 1988, S. 3 ff.

ligionsrechtliche Grundsätze aufzunehmen, die die Länder binden.[5]

Der weitere Verlauf der Beratungen in dem mit der Ausarbeitung der Verfassung betrauten Ausschuss der Nationalversammlung wird besser verständlich, wenn man sich die politischen Kräfteverhältnisse vor Augen führt.[6] Von 28 Sitzen entfielen auf die SPD 11, auf das Zentrum 6, die linksliberale DDP 5, die nationalkonservative DNVP 3, die gemäßigt konservative DVP 2 und die USPD einer. Die religions- und kirchenkritischen Linksparteien verfügten somit über 12, die tendenziell kirchenfreundlichen, teils auch staatskirchlich orientierten Parteien der Mitte und der Rechten über 11 Stimmen. Eine besondere Rolle kam in dieser Situation der DDP unter Führung des evangelischen Pfarrers Friedrich Naumann zu. Er wollte weder eine Fortschreibung kirchlicher Privilegien mittragen noch eine laizistische Trennung nach französischem Vorbild, die auf die weitere Lebensfähigkeit der Volkskirchen keine Rücksicht nimmt. Nachdem sich für die SPD abzeichnete, dass sie ihre programmatischen Vorstellungen nicht wird durchsetzen können, suchte sie mit der DDP eine Verständigung. Johannes Meerfeld (SPD) erklärte zu Beginn der Verhandlungen: „Meine Partei will keinen Kulturkampf. Sie anerkennt die

---

[5] *Clemens von Delbrück* (DNVP), in: Eduard Heilfron (Hrsg.), Die Deutsche Nationalversammlung im Jahre 1919 in ihrer Arbeit für den Aufbau eines neuen Volksstaates, Bd. 2, 1920, S. 961.

[6] Hierzu und zum Folgenden etwa *Hans Michael Heinig*, Öffentlich-rechtliche Religionsgesellschaften, 2003, S. 94 ff.; *Folkhard Wittekind*, Welche Religionsgemeinschaften sollen Körperschaften des öffentlichen Rechts sein?, in: Günter Brakelmann/Norbert Friedrich/Traugott Jähnichen (Hrsg.), Auf dem Weg zum Grundgesetz, 1999, S. 77 ff.; *Ludwig Richter*, Kirche und Schule in den Beratungen der Weimarer Nationalversammlung, 1995.

Bedeutung und die Macht der Religion auch für die Gegenwart. ... Wir wollen daher keine gewaltsame Trennung, sondern eine schiedlich-friedliche Einigung."[7]

So entwickelte man in intensiven und durch mancherlei Schwankungen gekennzeichneten Beratungen eine Lösung, die unterschiedliche Zielvorstellungen verband: die Forderung nach Abschaffung des Staatskirchentums einschließlich kirchlicher Privilegien sowie nach finanzieller Entflechtung einerseits, die Beibehaltung des öffentlich-rechtlichen Status einschließlich des Rechts der Besteuerung der Mitglieder, Schutz des kirchlichen Eigentums und eine Garantie der Anstalts- und Militärseelsorge andererseits. Im Schutz der öffentlichen Religionsausübung sollte keine Graduierung mehr erfolgen. Staat und Kirche sollten unter Beachtung gewisser institutioneller Interessen der Kirchen durch deren Integration in ein offenes, freiheitlich-pluralistisches Religions-, Weltanschauungs- und Kulturrecht getrennt werden. Art. 137 Abs. 5 WRV macht das anschaulich: Der öffentlich-rechtliche Körperschaftsstatus blieb erhalten, doch alle Religions- und Weltanschauungsgesellschaften hatten fortan einen verfassungsunmittelbaren Anspruch auf seine Verleihung. In den Worten des Abgeordneten Mausbach (Zentrum) bei der Einführung der Ergebnisse der Ausschussberatungen in das Plenum der Nationalversammlung: „Gegen diese Herabsetzung der christlichen Kirchen auf das rein privatrechtliche Niveau hat sich die Mehrheit des Ausschusses von vornherein gesträubt. Von anderer Seite bestand allerdings durchaus keine Neigung, irgendwelche

[7] *Johannes Meerfeld* (SPD), in: Verhandlungen der verfassungsgebenden Deutschen Nationalversammlung, Bd. 336, Anlagen zu den stenograpischen Berichten, Nr. 391 – Bericht des Verfassungsausschusses, 1920, S. 188.

Vorrechte der christlichen Kirche vor den Sekten oder neugegründeten Religionsgemeinschaften auszusprechen. Die Lösung dieses Gegensatzes ist in einer Weise gefunden worden, die man ... als originell, als geschichtlich bedeutsam bezeichnen kann."[8] Er fand in der Weimarer Reichsverfassung systematisch schließlich seinen Ort als dritter Abschnitt des zweiten Hauptteils über Grundrechte und Grundpflichten und wirkt bis heute über Art. 140 GG fort. Dieser inkorporiert Art. 136 bis Art. 139 sowie Art. 141 WRV in das Grundgesetz. Art. 135 WRV garantierte die Religions- und Gewissensfreiheit. Dazu gesellten sich Bestimmungen über eine Kompetenz zur Grundsatzgesetzgebung des Reiches (Art. 10 Nr. 1 WRV), zur Garantie der Einrichtung theologischer Fakultäten (Art. 149 Abs. 3 WRV), zum konfessionellen Religionsunterricht (Art. 149 Abs. 1 und 2 WRV) und zur Einrichtung von Konfessions- und Privatschulen (Art. 146f. WRV).

2. Unsicherheiten im Übergang: das Weimarer Staatskirchenrecht in der Praxis

Die Weimarer Republik war bekanntlich eine Demokratie, in der alsbald die antidemokratischen Parteien die Oberhand gewannen. Die sogenannte Weimarer Koalition verlor schon 1920 ihre parlamentarische Mehrheit. In den kirchlichen Milieus waren antirepublikanische Ressentiments tief verankert. Die mehrheitlich nationalkonservativ gesonnene Funktionselite der evangelischen Kirche trauer-

[8] *Joseph Mausbach* (Zentrum), in: Eduard Heilfron (Hrsg.), Die Deutsche Nationalversammlung im Jahre 1919 in ihrer Arbeit für den Aufbau eines neuen Volksstaates, Bd. 6, 1920, S. 4005.

te der Verbindung von Thron und Altar nach. Die neue Freiheit zur Selbstbestimmung wurde nur zögerlich innerlich angenommen, wiewohl es im 19. Jahrhundert immer wieder kirchlicherseits Bestrebungen gab, die Kirchen aus der Staatsverwaltung auszugliedern und synodale Leitungselemente zu etablieren. Die römisch-katholische Kirche dagegen fand mit Art. 137 Abs. 3 WRV eine lange gehegte Forderung verwirklicht. Das Ende des landesherrlichen Kirchenregiments führte zudem auf der symbolpolitischen Ebene zur vollen Gleichstellung der beiden großen Kirchen. Doch der Rom treue Katholizismus stand in scharfer Ablehnung zum Liberalismus und damit mehr oder weniger ausgeprägt auch zum modernen Grundrechtsdenken und der auf individuelle Selbstbestimmung aufruhenden parlamentarischen Demokratie. Forcierter kultureller Pluralismus und Subjektivismus war den beiden Kirchen ebenso suspekt wie marktwirtschaftlicher Konsumismus und die vielen weiteren typischen Erscheinungen der modernen Massengesellschaft. In den 1920er Jahren standen die Kirchen cum grano salis in mentaler Opposition zur Republik, wobei sich das katholische Milieu leichter tat, auch die Chancen des Aufbruchs zu nutzen (sichtbar etwa am Erfolg katholischer Intellektueller in der Weimarer Republik). Der Protestantismus schwankte hingegen zwischen mannigfachen Spielarten von Krisentheologie, Lutherrenaissance und ersten Ansätzen eines religiösen Sozialismus, vergaß darüber aber auf sträfliche Weise die in der kulturprotestantischen Tradition schlummernden Ansätze einer Theologie, die kulturelle Vielfalt und freiheitliche Demokratie produktiv hätte reflektieren können.[9]

---

[9] *Kurt Nowak*, Geschichte des Christentums in Deutschland, 1995, S. 212 ff.

Organisatorisch war er zudem durch die Aufgabe gebunden, sich jenseits der Staatsverwaltung neu zu formieren. Kirchenverfassungen waren zu konzipieren, Kirchenleitungen zu kreieren, Kirchenverwaltungen neu zu strukturieren.[10]

Doch nicht nur die Kirche tat sich schwer. Auch auf staatlicher Seite dauerte es, bis sich eine staatskirchenrechtliche Normalität unter den neuen verfassungsrechtlichen Verhältnissen einstellte. Vor 1918 bestanden weitreichende Aufsichtsrechte des Staates in Verwaltungs- und Vermögensfragen gegenüber den Kirchen. Deren Schicksal blieb unter der Reichsverfassung umstritten. Die Gegner einer staatlichen Kirchenaufsicht verwiesen auf die Selbstverwaltungsgarantie und die Abschaffung der Staatskirche, ihre Befürworter betonten, dass die staatliche Aufsicht ein zwangsläufiges Korrelat zum Körperschaftsstatus darstelle (sog. Korrelatentheorie) und Ausdruck des „für alle geltenden Gesetzes", mithin der Schranke der kirchlichen Autonomie nach Art. 137 Abs. 3 WRV sei.[11] Auch um eine Fülle weiterer Detailfragen stritt man in den Weimarer Jahren. Es fiel den Akteuren erkennbar schwer, der der Reichsverfassung zugrundeliegenden Logik des Ausgleichs widerstreitender Interessen durch Freiheits-, Gleichheits- und Bestandsgarantien auch in der Praxis gerecht zu werden. Nach Carl Schmitt waren die Art. 137 ff. WRV ein typisches Beispiel für die von ihm so verachteten „dilatorischen Formelkompromisse", also Konsensformeln, die verdecken, dass die Ver-

---

[10] *Christoph Link*, Kirchliche Rechtsgeschichte, 2. Auflage 2010, S. 182 ff.

[11] *Christoph Link*, Staat und Kirche in der neueren deutschen Geschichte, 2000, S. 107 f. mit umfangreichen Nachweisen zum damaligen Schrifttum.

Abbildung 8: Textausgabe der Weimarer Reichsverfassung (1930)

fassung einer „echten Entscheidung" ausgewichen ist.[12] Die Einsicht, dass die Weimarer Lösung eine in sich kohärente Verwirklichung freiheitlicher Grundideale darstellt, vermochte sich bis zum Untergang der Weimarer Republik nicht durchzusetzen.

Immerhin gelang zwischen 1924 und 1932 eine gewisse Konsolidierung. Zahlreiche Länder schlossen Konkordate und Kirchenverträge ab und konnten so verfassungsrechtliche Zweifelsfragen im Konsens klären und Unstimmigkeiten beilegen.[13] Für die evangelische Kirche war der Vertragsschluss mit dem Staat ein neues, noch zu erprobendes Instrument. Im größten Land des Reiches, in Preußen, kam es erst 1929 (preußisches Konkordat) bzw. 1931 (preußischer Kirchenvertrag) zum Abschluss solcher Vereinbarungen. Die weitere politische Entwicklung ließ eine praktische Bewährung unter rechtsstaatlichen Bedingungen nicht mehr zu. Als das seit den 1920er Jahren ins Auge gefasste Reichskonkordat schließlich 1933 abgeschlossen wurde, war die „nationale Revolution" bereits vollzogen und die Weimarer Republik als demokratischer Verfassungsstaat Geschichte.

3. Kirche, Religion und Staat im Nationalsozialismus

Die Erfahrungen des Nationalsozialismus sind für die weitere verfassungsrechtliche Entwicklung von zentraler Bedeutung, weil das Bonner Grundgesetz sich als bewusste

---

[12] *Carl Schmitt*, Verfassungslehre (1928), 8. Auflage 1993, S. 32 f.

[13] Näher *Ernst Rudolf Huber/Wolfgang Huber*, Staat und Kirche im 19. und 20. Jahrhundert, Bd. 4, 1988, S. 293 ff., 672 ff.

Gegenordnung verstand. Auch das Bonner Religionsverfassungsrecht reagierte auf die nationalsozialistische Barbarei. Freilich gab es keine NS-Religionspolitik „aus einem Guss“.

In einer ersten Phase ging es dem NS-Regime vor allem darum, die Kirchen als Ort potentieller politischer Opposition auszuschalten. Mit der römisch-katholischen Kirche wurde zu diesem Zweck das erwähnte Reichskonkordat abgeschlossen, das die katholische Kirche schon längere Zeit anstrebte. Es nahm – gegenläufig zur nationalsozialistischen Rechtsdoktrin – liberale Freiheitsgarantien auf, untersagte aber Klerikern jedwede politische Betätigung.[14] Die neuen Machthaber gewannen durch das Konkordat außenpolitische Reputation und innenpolitischen Kredit; die Kirche erhielt im Gegenzug (zumindest auf dem Papier) relative Sicherheit für ihre religiöse Betätigung. Die evangelische Kirche sollte dagegen von Anfang an in die sogenannte Gleichschaltungspolitik einbezogen werden. Man suchte mit der Gründung der Deutschen Evangelischen Kirche unter Leitung eines Reichsbischofs eine Art nationalsozialistisches Staatskirchentum zu etablieren.[15] Das Reichskonkordat und das Gesetz über die Verfassung der Deutschen Evangelischen Kirche wurden bezeichnenderweise in der gleichen Kabinettssitzung (am 14. Juli 1933) verabschiedet.[16]

---

[14] Die Deutsche Zentrumspartei als politische Interessenvertretung des deutschen Katholizismus löste sich noch vor Verabschiedung des Reichskonkordats am 5. Juli 1933 selbst auf. Zur Rolle des Katholizismus 1933 siehe etwa *Ernst-Wolfgang Böckenförde*, Der deutsche Katholizismus im Jahre 1933, 1988.

[15] Im Überblick *Christoph Strohm*, Die Kirchen im Dritten Reich, 2011, S. 23 ff.; *Kurt Nowak*, Geschichte des Christentums in Deutschland, 1995, S. 251 ff.

[16] *Werner Weber*, Die staatskirchenrechtliche Entwicklung des

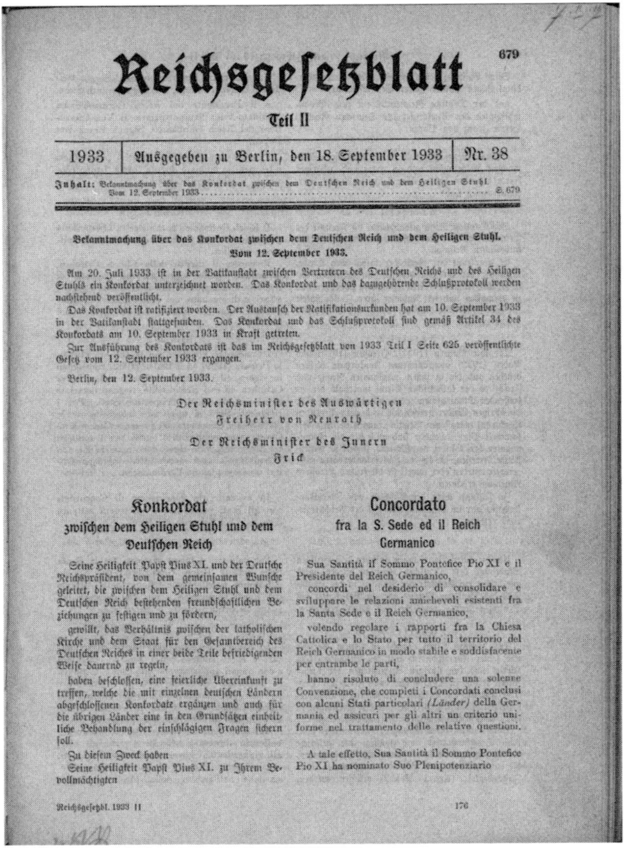

Reichsgesetzblatt 679

Teil II

1933	Ausgegeben zu Berlin, den 18. September 1933	Nr. 38

Inhalt: Bekanntmachung über das Konkordat zwischen dem Deutschen Reich und dem Heiligen Stuhl. Vom 12. September 1933 .... S. 679

Bekanntmachung über das Konkordat zwischen dem Deutschen Reich und dem Heiligen Stuhl.
Vom 12. September 1933.

Am 20. Juli 1933 ist in der Vatikanstadt zwischen Vertretern des Deutschen Reichs und des Heiligen Stuhls ein Konkordat unterzeichnet worden. Das Konkordat und das dazugehörende Schlußprotokoll werden nachstehend veröffentlicht.

Das Konkordat ist ratifiziert worden. Der Austausch der Ratifikationsurkunden hat am 10. September 1933 in der Vatikanstadt stattgefunden. Das Konkordat und das Schlußprotokoll sind gemäß Artikel 34 des Konkordats am 10. September 1933 in Kraft getreten.

Zur Ausführung des Konkordats ist das im Reichsgesetzblatt von 1933 Teil I Seite 625 veröffentlichte Gesetz vom 12. September 1933 ergangen.

Berlin, den 12. September 1933.

Der Reichsminister des Auswärtigen
Freiherr von Neurath

Der Reichsminister des Innern
Frick

Konkordat zwischen dem Heiligen Stuhl und dem Deutschen Reich

Seine Heiligkeit Papst Pius XI. und der Deutsche Reichspräsident, von dem gemeinsamen Wunsche geleitet, die zwischen dem Heiligen Stuhl und dem Deutschen Reich bestehenden freundschaftlichen Beziehungen zu festigen und zu fördern,

gewillt, das Verhältnis zwischen der katholischen Kirche und dem Staat für den Gesamtbereich des Deutschen Reiches in einer beide Teile befriedigenden Weise dauernd zu regeln,

haben beschlossen, eine feierliche Übereinkunft zu treffen, welche die mit einzelnen deutschen Ländern abgeschlossenen Konkordate ergänzen und auch für die übrigen Länder eine in den Grundsätzen einheitliche Behandlung der einschlägigen Fragen sichern soll.

Zu diesem Zweck haben

Seine Heiligkeit Papst Pius XI. zu Ihrem Bevollmächtigten

Concordato fra la S. Sede ed il Reich Germanico

Sua Santità il Sommo Pontefice Pio XI e il Presidente del Reich Germanico,

concordi nel desiderio di consolidare e sviluppare le relazioni amichevoli esistenti fra la Santa Sede e il Reich Germanico,

volendo regolare i rapporti fra la Chiesa Cattolica e lo Stato per tutto il territorio del Reich Germanico in modo stabile e soddisfacente per entrambe le parti,

hanno risoluto di concludere una solenne Convenzione, che compieti i Concordati conclusi con alcuni Stati particolari *(Länder)* della Germania ed assicuri per gli altri un criterio uniforme nel trattamento delle relative questioni.

A tale effetto, Sua Santità il Sommo Pontefice Pio XI ha nominato Suo Plenipotenziario

Reichsgesetzbl. 1933 II 176

Abbildung 9: Reichskonkordat von 1934

Die nationalsozialistische Bewegung wurde maßgeblich von evangelischen Kirchenmitgliedern getragen und fand gerade in der Pfarrerschaft positive Resonanz. Nationalprotestantische Mentalitäten und Antisemitismus waren weit verbreitet.[17] Die regimetreuen „Deutschen Christen" stellten eine evangelische Massenbewegung dar, die es in vergleichbarer Form im Katholizismus nicht gab. Doch die völkisch-rassistische Umformung der evangelischen Kirchen stieß auch auf Widerstand. Prominenten Ausdruck fand er in der Barmer Theologischen Erklärung vom 31. Mai 1934. In einer Erklärung zur Rechtslage vom gleichen Tag wurde der Leitung der Reichskirche unter Berufung auf die Bekenntnisbindung des Kirchenrechts jede Legitimation abgesprochen – und mit dem bis dahin vorherrschenden positivistischen Kirchenrechtsverständnis gebrochen. Der Staat reagierte und erhöhte den Druck. Das Gesetz zur Sicherung der Deutschen Evangelischen Kirche vom 24. September 1935 schuf weitreichende Interventionsmöglichkeiten des Staates, von denen er mit 18 Durchführungsverordnungen Gebrauch machte. Der Rechtsschutz durch staatliche Gerichte wurde gekappt, die geistliche Kirchenleitung kujoniert, die kirchliche Finanzautonomie beseitigt. Gleichwohl scheiterte der Versuch der nationalsozialistischen Gleichschaltung der evangelischen Kirche und so trat ab 1936 neben die schon im Reichskonkordat geforderte Entpolitisie-

---

nationalsozialistischen Regimes in zeitgenössischer Betrachtung, in: ders., Staat und Kirche in der Gegenwart, 1978, S. 114 (114).

[17] Zu den langen Traditionslinien *Manfred Gailus/Hartmut Lehmann* (Hrsg.), Nationalprotestantische Mentalitäten (1870–1970), 2005; zu den religiös-weltanschaulichen Motiven im Nationalsozialismus *Manfred Gailus/Armin Nolzen* (Hrsg.), Zerstrittene „Volksgemeinschaft", 2011.

> ... Wir verwerfen die falsche Lehre, als solle und könne der Staat über seinen besonderen Auftrag hinaus die einzige und totale Ordnung menschlichen Lebens werden und also auch die Bestimmung der Kirche erfüllen. Wir verwerfen die falsche Lehre, als solle und könne sich die Kirche über ihren besonderen Auftrag hinaus staatliche Art, staatliche Aufgaben und staatliche Würde aneignen und damit selbst zu einem Organ des Staates werden ... .

Abbildung 10: Aus der Barmer Theologischen Erklärung 1934 (These 5)

rung des kirchlichen Lebens zunehmend eine Strategie der „Entkonfessionalisierung des öffentlichen Lebens“.[18] Der NS-Staat bekämpfte Konfessionsschulen und förderte Kirchenaustritte. Kirchliche Privatschulen gingen der staatlichen Förderung verlustig. Die kirchliche Wohlfahrtspflege geriet unter Gleichschaltungsdruck. Regimekritik in der öffentlichen Wortverkündigung wurde rigoros kriminalisiert. Der „Reichsgau Wartheland“ wurde ab 1941 dann zum Erprobungsfeld unverhohlener Kirchenrepression: Segregation der Kirchen entsprechend

---

[18] *Werner Weber*, Die staatskirchenrechtliche Entwicklung des nationalsozialistischen Regimes in zeitgenössischer Betrachtung, in: ders., Staat und Kirche in der Gegenwart, 1978, S. 119ff.; *Konrad Hesse*, Die Entwicklung des Staatskirchenrechts seit 1945, in: JöR n.F. 10 (1961), S. 3 (8); *Christoph Link*, Kirchliche Rechtsgeschichte, 2. Auflage 2010, S. 194ff.

dem nationalsozialistischen Rassenwahn, Abschaffung des Körperschaftsstatus, der Kirchensteuer und des Religionsunterrichts, Auflösung aller Klöster und Stiftungen, Verbot kirchlicher Sozialarbeit, Mitgliedschaftsbegründung nur durch ausdrückliche Erklärung Volljähriger.[19]

Weit schlimmer erging es freilich einigen kleineren Religionsgemeinschaften wie den Zeugen Jehovas und insbesondere den jüdischen Synagogengemeinden.[20] Letztere verloren jeden rechtlichen Freiheitsschutz.[21] Sie wurden erst ihres öffentlich-rechtlichen Status, dann ihres Vermögens und schließlich ihrer Mitglieder durch Auswanderung und Vertreibung, durch willkürliche Gewalt und „Verwaltungsmassenmord" (Hannah Arendt) beraubt. Diese Form nationalsozialistischen Rechtsnihilismus endete erst mit der Kapitulation Deutschlands im Mai 1945.

---

[19] *Paul Gürtler*, Nationalsozialismus und evangelische Kirche im Warthegau, 1958, insb. S. 260 ff. (Dokumentation der Verordnung über religiöse Vereinigungen und Religionsgesellschaften im Reichsgau Wartheland vom 13. September 1941); *Kurt Nowak*, Geschichte des Christentums in Deutschland, 1995, S. 278 ff.

[20] *Werner Weber*, Die kleineren Religionsgemeinschaften im Staatskirchenrecht des nationalsozialistischen Regimes, in: ders., Staat und Kirche in der Gegenwart, 1978, S. 226 ff.

[21] *Michael Demel*, Gebrochene Normalität, 2011, S. 132 ff.

V. Der Weg zum Grundgesetz: 1945–1949

Den Nachgeborenen fällt es schwer, sich den Zustand des Gemeinwesens 1945 vorzustellen: Millionen Bürger durch das NS-Terrorregime ermordet und im Krieg umgekommen, weitere Millionen auf der Flucht oder vertrieben, große Teile der städtischen Infrastruktur zerstört, es mangelte an Wohnraum, an Nahrung und sonstiger Grundversorgung. Mit Kriegsende wurde der Umfang der Greueltaten des Nationalsozialismus und damit das moralische Versagen Deutschlands auch dem Teil der Bevölkerung offenkundig, der vorher beide Augen verschlossen hielt.

1. Gesellschaftliche Wahrnehmung und Rolle der Kirchen 1945

In dieser Situation wurden die Kirchen Adressat unterschiedlichster Hoffnungen und Erwartungen. Sie waren bei Kriegsende organisatorisch handlungsfähig und standen hoch im Kurs.[1] Für breite Bevölkerungsgruppen erschienen die Theologumina des Christentums als hilf-

---

[1] *Michael Stolleis*, Geschichte des öffentlichen Rechts in Deutschland, Bd. 4, 2012, S. 337; *Christoph Möllers*, Das Grundgesetz, 2009, S. 27; ausführlich für den Protestantismus *Martin Greschat*, Die evangelische Christenheit und die deutsche Geschichte nach 1945, 2002; für beide kirchlichen Milieus *Kurt Nowak*, Geschichte des Christentums in Deutschland, 1995, S. 291 ff.

Abbildung 11: Zerstörte Aegidienkirche in Hannover 1945

reiche Kontrastfolie, vor der die Erfahrungen des Zivilisationsbruchs und der nationalsozialistischen Ideologisierung aller Lebensbereiche gedeutet und verarbeitet werden können. Die Kirchen verbuchten moralischen Kredit, weil ein Teil des Widerstands christlich motiviert war und kirchlichen Schutz fand. Sie waren als einzige Großorganisation nicht gänzlich der nationalsozialistischen Gleichschaltungspolitik ausgeliefert und zudem stante pede international vernetzt – die katholische Kirche über die weltkirchliche Einbindung, die evangelische Kirche durch die Ökumene. Hierbei half das Bekenntnis des eigenen Versagens, etwa durch die Stuttgarter Schulderklärung vom Oktober 1945,[2] in der freilich die geistige Nähe zwischen völkischer Theologie und dem im Partei-

[2] *Kurt Nowak*, Geschichte des Christentums in Deutschland,

programm der NSDAP enthaltenen Bekenntnis zum „positiven Christentum“ unerwähnt blieb und der Nationalsozialismus als Ausdruck des Säkularismus gedeutet wurde. Damit war der Grundton für die Kirchenpolitik und darüber hinaus der ethischen Selbstverständigung der frühen Bundesrepublik vorgegeben: Christliche Volkskirchen erschienen als Antidot zum säkularistischen Totalitarismus nazistischer wie bolschewistischer Couleur.

2. Religionspolitik der Alliierten

Der mit Kriegsende wachsende und von diesen auch reklamierte[3] gesellschaftspolitische Einfluss der Kirchen in Westdeutschland wurde durch die Religionspolitik der Alliierten gefördert. Diese hatten schon während des Krieges unter dem US-amerikanischen Einfluss formuliert, dass das Nachkriegsdeutschland religionsrechtlich „something like the Weimar Republic“ darstellen solle.[4] Die Alliierten sicherten im Potsdamer Abkommen zu, die Religionsfreiheit zu respektieren;[5] Amerikaner, Briten und Franzosen ließen die Kirchen dann auch tatsächlich recht frei walten. Der Kontrollrat erließ zeitnah Regelun-

---

1995, S. 291 ff.; *Martin Greschat*, Der Protestantismus in der Bundesrepublik Deutschland, 1945–2005, 2011, S. 16 ff.

[3] Siehe für die evangelische Kirche etwa das auf der Kirchenkonferenz von Treysa im August 1945 vorgelegte „Wort zur Verantwortung der Kirche für das öffentliche Leben“, dokumentiert in: *Gerhard Besier u. a.* (Hrsg.), Der Kompromiss um Treysa, 1995, S. 308 ff.

[4] *Marshall Knappen*, zitiert nach *Armin Boyens*, Die Kirchenpolitik der amerikanischen Besatzungsmacht in Deutschland von 1944–1946, in: ders., Kirchen in der Nachkriegszeit, 1979, S. 7 (13).

[5] *Konrad Hesse*, Die Entwicklung des Staatskirchenrechts seit 1945, in: JöR n. F. 10 (1961), S. 3 (9).

gen gegen religiöse Diskriminierungen und machte sich alsbald auch an die „Unrechtsbereinigung".[6] Die Fortgeltung des Reichskonkordats dagegen blieb zwischen den Alliierten umstritten. Die Frage sollte das deutsche Staatskirchenrecht noch viele Jahre beschäftigen.

3. Religionsbestimmungen in den vor 1949 verabschiedeten Landesverfassungen

Die politische Neuorganisation Deutschlands erfolgte zunächst über die Länder. Die vor 1949 erlassenen Landesverfassungen knüpften an Art. 135 ff. WRV an, setzten aber auch erkennbar neue Akzente. Die Kirchen wurden neben Religionsgesellschaften genannt und damit ausdrücklich hervorgehoben. Man wollte sich so von den das Staatskirchenrecht des 19. Jahrhundert prägenden und im Weimarer Verfassungsrecht nachklingenden naturrechtlichen Korporatismuslehren distanzieren und auf das ekklesiologische Selbstverständnis der damaligen Zeit (Kirche als spirituelle Heilsanstalt, nicht weltlicher Sozialverband) Rücksicht nehmen. Die Landesverfassungen betonten, weit über Weimar hinausgehend, die kirchliche Unabhängigkeit vom Staat im Sinne einer der rechtlichen Verfasstheit des Gemeinwesens vorgängigen Eigenheit und Selbständigkeit der Kirchen. Ebenso strich man die kirchliche Rolle im öffentlichen Leben, insbesondere in der Wohlfahrtspflege sowie in Bildung und Erziehung heraus.[7] Teilweise wurden ausgesprochene Pathosformeln bemüht.

---

[6] Überblick bei *Konrad Hesse*, Die Entwicklung des Staatskirchenrechts seit 1945, in: JöR n.F. 10 (1961), S. 3 (9 f.).

[7] *Konrad Hesse*, Die Entwicklung des Staatskirchenrechts seit 1945, in: JöR n.F. 10 (1961), S. 3 (10 ff.).

Im Gegensatz zu den Beratungen der Weimarer Reichsverfassung 1918/1919 waren die Verhandlungen zum landesverfassungsrechtlichen Status der Kirchen kaum konfliktbesetzt. Kontroversen entzündeten sich jedoch gemeinhin an Fragen der Familienpolitik und der Schulorganisation. Indirekt geriet damit auch das Reichskonkordat in den Focus, sicherte dieses doch den Fortbestand öffentlicher katholischer Bekenntnisschulen unter Rücksichtnahme auf das elterliche Bestimmungsrecht zu.[8] Die SPD präferierte verfassungspolitisch dagegen die Gemeinschaftsschule als öffentliche Regelschule.

4. Debatten und Entscheidungen im Parlamentarischen Rat

Mit der Vertiefung des Ost-West-Konflikts Ende der 1940er Jahre verfestigte sich die Spaltung Deutschlands. „Trizonesien" wurde durch die Gründung der Bundesrepublik Deutschland zu einem westdeutschen Teilstaat. Bemühungen von CDU/CSU, Zentrum und Deutscher Partei, im Grundgesetz an die landesverfassungsrechtlichen Entwicklungen anzuknüpfen und die Kirchen von anderen Religionsgemeinschaften durch eine Pathosformel zur Bedeutung der Kirchen für die sittlichen Grundlagen und durch die ausdrückliche Erwähnung der Kirchen neben den Religionsgesellschaften abzusetzen, scheiterten am Widerstand von SPD und FDP.[9] Theodor Heuss warnte vor der Komplexität der ganzen Materie

[8] Vgl. Art. 23 Reichskonkordat.

[9] Näher zur Entstehungsgeschichte etwa *Karl-Hermann Kästner*, in: Bonner Kommentar zum Grundgesetz, 144. EL 2010, Art. 140 Rn. 24–39 (Drittbearbeitung 2010).

Abbildung 12: Bundespräsident Theodor Heuss, auf dessen Anregung die Weimarer Religionsnormen in das Grundgesetz inkorporiert wurden.
(© Deutsches Historisches Museum, Berlin)

und regte die Übernahme der Weimarer Bestimmungen an.[10] Diesen Vorschlag machte sich Adolf Süsterhenn (CDU) zu eigen. Der Rest war Redaktionsarbeit, bis es zum heutigen Art. 140 GG kam. Ideen- und politikgeschichtlich sind die Verhandlungen zum Religionsverfassungsrecht des Grundgesetzes uninteressant und auch für die Rechtsdogmatik sind sie nicht sonderlich ergiebig.

Konfliktträchtiger war auch auf Bundesebene die Schulfrage und in diesem Zusammenhang die Frage, welche Bindungswirkung dem Reichskonkordat zukommt. Dessen Fortgeltung wurde (etwas versteckt) in Art. 123 Abs. 2 GG behandelt, der allgemein bestimmt, dass vom Deutschen Reich abgeschlossene Staatsverträge, für deren Materie nun die Länder gesetzgeberisch zuständig sind, grundsätzlich in Kraft bleiben.[11] Als Kompromiss in der Schulfrage kam Art. 7 GG zustande, der den konfessionellen Religionsunterricht und die Freiheit zur Gründung von Privatschulen (auch in religiöser Trägerschaft) garantiert, die Frage des elterlichen Bestimmungsrechts über den konfessionellen Charakter der öffentlichen Schulen aber der Kulturhoheit der Länder überlässt.

Mit diesem Ergebnis waren die beiden großen Kirchen nicht sonderlich zufrieden (was man im Rückblick kaum glauben mag); sie ließen zunächst Distanz zum Grundgesetz erkennen.[12] Aus den Reihen der katholischen Kirche

---

[10] *Theodor Heuss*, Diskussionsbeitrag, in: Deutscher Bundestag/Bundearchiv (Hrsg.), Der Parlamentarische Rat 1948–1949 – Akten und Protokolle, Bd. 5/II, 1993, S. 636 f.

[11] *Hans Holtkotten*, in: Bonner Kommentar zum Grundgesetz, 159. EL 2012, Art. 123, S. 1–3; *Thomas Giegerich*, in: Maunz/Dürig (Hrsg.), Grundgesetz für die Bundesrepublik Deutschland, 66. EL 2012, Art. 123, Rn. 14–15.

[12] In der 1945 gegründeten EKD traten deutschlandpolitische

hieß es, ohne Aufwertung des Elternrechts müsse man den Gläubigen die Ablehnung des Grundgesetzes empfehlen.[13] Auch deshalb kam es damals nicht zu einer Volksabstimmung.[14]

Überlegungen hinzu; vgl. *Martin Greschat*, Der Protestantismus in der Bundesrepublik Deutschland, 1945–2005, 2011, S. 18 f., 24 ff.

[13] *Wolfgang Benz*, Auftrag Demokratie. Die Gründungsgeschichte der Bundesrepublik Deutschland und die Entstehung der DDR 1945–1949, 2009, S. 385 ff.

[14] *Christian Brommarius*, Das Grundgesetz. Eine Biographie, 2009, S. 192 f.

VI. Die religionsrechtliche Entwicklung in der Bundesrepublik (1949–1969)

1. Gesetzgebung und Vertragsstaatskirchenrecht

Die für die Verfassungsberatungen in Bund und Ländern charakteristische kirchenfreundliche Grundstimmung setzte sich in der Rechtsentwicklung der 1950er Jahre fort.[1] Eine Fülle von Sonderbestimmungen zum Abbau von staatlichen Kontrollrechten und zur Förderung des öffentlichen Wirkens der Kirchen wurden eingeführt. So erlaubten die Stiftungsgesetze der Länder den Kirchen eine eigene Stiftungsaufsicht. Im öffentlich-rechtlichen Rundfunk wurden den Kirchen Mitwirkungsbefugnisse, insb. die Mitgliedschaft in Aufsichtsgremien, eingeräumt. Auch das Gesetz über die Verbreitung jugendgefährdender Schriften (1953), das Jugendwohlfahrtsrecht und das Bundesvertriebenengesetz (1953) sahen eine kirchliche Beteiligung an pluralistisch zusammengesetzten Gremien vor. 1961 trat die Berücksichtigung der kirchlichen Wohlfahrtspflege im Bundessozialhilfegesetz hinzu. Die Liste ließe sich fortsetzen.

Daneben nahmen die Länder die Praxis der Weimarer Republik wieder auf und schlossen mit den Kirchen Ver-

[1] Siehe zum Folgenden etwa *Joseph Listl*, Das Staatskirchenrecht in der Bundesrepublik Deutschland von 1949 bis 1963, in: Anton Rauscher (Hrsg.), Kirche und Staat in der Bundesrepublik Deutschland 1949–1963, 1979, S. 9 (23 ff.); *Konrad Hesse*, Die Entwicklung des Staatskirchenrechts seit 1945, in: JöR n. F. 10 (1961), S. 3 (35 ff.).

träge, die durch Landesgesetz umgesetzt wurden. Die römisch-katholische Kirche geriet auf dem Gebiet des Vertragsrechts zunächst ins Hintertreffen, weil sie sich in der Frage festbiss, ob und wie das Reichskonkordat gegenüber den Ländern fortgalt. So wurde die evangelische Kirche Schrittmacherin.[2] Maßstabsetzend wirkte der Loccumer Vertrag in Niedersachsen vom 19. März 1955,[3] dem weitere vergleichbare Verträge in anderen Bundesländern folgten.

2. Rechtsprechung

Auch die Rechtsprechung setzte in der frühen Bundesrepublik Akzente. 1957 urteilte das Bundesverfassungsgericht zur verfassungsrechtlichen Bindungswirkung des Reichskonkordats im Verhältnis von Bund und Ländern: Das Gericht bestätigte die Fortgeltung des Konkordats, entschied aber auch, dass die Länder durch das Grundgesetz nicht gehindert seien, vom Konkordat abweichende Gesetze zu erlassen.[4] Die Frage, ob solche Gesetze dann völkerrechtswidrig sind, interessierte das Gericht damals nicht (heute wäre das im Zuge der Internationalisierung der Rechtsordnung ein großes Thema). 1960 erging eine erste Entscheidung zur Reichweite der Religionsfreiheit, die den grundrechtlichen Schutz auf Glaubensbetätigun-

---

[2] *Christoph Link*, Kirchliche Rechtsgeschichte, 2. Auflage 2010, S. 225 ff.

[3] Hierzu zeitnah etwa *Rudolf Smend*, Der Niedersächsische Kirchenvertrag und das heutige deutsche Staatskirchenrecht, in: JZ 1956, S. 50 ff.; *Ulrich Scheuner*, Die staatskirchenrechtliche Tragweite des niedersächsischen Kirchenvertrages von Kloster Loccum, in: ders., Schriften zum Staatskirchenrecht, 1973, S. 301 ff.

[4] BVerfGE 6, 309 ff.

gen beschränken wollte, „die sich bei den heutigen Kulturvölkern auf dem Boden gewisser übereinstimmender sittlicher Grundanschauungen im Laufe der geschichtlichen Entwicklung herausgebildet hat".[5] Dieser Ansatz wurde seitens des Gerichts 1968 zugunsten eines denkbar weiten Verständnisses der freien Religionsausübung aufgegeben: „Da die ‚Religionsausübung' zentrale Bedeutung für jeden Glauben und jedes Bekenntnis hat, muß dieser Begriff gegenüber seinem historischen Inhalt extensiv ausgelegt werden."[6] Auch bloß religiös motivierte Handlungen gehörten dazu (im konkreten Fall die Sammlung von Altkleidern durch die katholische Landjugend zu caritativen Zwecken). 1965 folgten eine ganze Reihe wichtiger Entscheidungen zu Fragen des Rechtsschutzes durch staatliche Gerichte, zu Gleichbehandlungsansprüchen bei öffentlich-rechtlichen Religionsgemeinschaften und zu kirchensteuerrechtlichen Fragen.[7] Nach und nach nahm sich das Bundesverfassungsgericht so zentraler staatskirchenrechtlicher Streitfragen an.

Hierbei trat es, wie in vielen anderen Fragen auch,[8] mit dem Bundesgerichtshof in Konkurrenz. Dessen Deutung des grundgesetzlichen Staat-Kirche-Verhältnisses als institutionelle Gleichordnung[9] wies das Bundesverfassungs-

[5] BVerfGE 12, 1 (4).

[6] BVerfGE 24, 236 (246).

[7] BVerfGE 18, 385ff.; 19, 1ff.; 19, 129ff.; 19, 206ff.; 19, 226ff.; 19, 253ff.; 19, 268ff.

[8] Zur Konkurrenzgeschichte beider Institutionen auch *Matthias Jestaedt u. a.*, Das entgrenzte Gericht, 2011.

[9] BGHZ 34, 372ff.: „Das Grundgesetz geht von der grundsätzlichen Gleichordnung von Staat und Kirche als eigenständigen Gewalten aus. Die Kirchen sind der staatlichen Hoheitsgewalt grundsätzlich nicht mehr unterworfen und regeln ihre Angelegenheiten selbständig und in eigener Verantwortung."

gericht implizit zurück. Auch auf dem Feld des Religionsverfassungsrechts setzte es sich als wirkmächtiger „Hüter der Grundrechte“ durch.

3. Von der Koordinationslehre zu „Kirchen unter dem Grundgesetz“

Vorbereitet und begleitet wurde diese Entwicklung in Gesetzgebung und Rechtsprechung durch intensive publizistische Aktivitäten aus den Reihen der Verfassungslehre und des Staatsrechts. Idealtypisch werden in der Rückschau auf die 1950er bis 1970er Jahre verschiedene Phasen unterschieden:[10] Auf die Koordinationslehre der unmittelbaren Nachkriegszeit folgte eine „etatistische“ Gegenbewegung.[11] Beide verloren ab Mitte der 1960er Jahre an Bedeutung. In den Vordergrund rückten Theorieangebote, die verfassungstheoretisch allgemein anschlussfähig waren,[12] sowie die Orientierung an der umfangreicher werdenden Rechtsprechung des Bundesverfassungsgerichts. So entstand ein „Mainstream“, der die Bedeutung der Religionsfreiheit betonte, das Religionsverfassungsrecht aber weiterhin auch stark institutionentheoretisch als

---

[10] *Christian Walter*, Religionsverfassungsrecht, 2006, S. 188 ff.; facettenreich *Michael Stolleis*, Geschichte des öffentlichen Rechts in Deutschland, Bd. 4, 2012, S. 337 ff.

[11] Wesentliche Beiträge sind dokumentiert in: Helmut Quaritsch/Hermann Weber (Hrsg.), Staat und Kirchen in der Bundesrepublik, 1967.

[12] *Konrad Hesse*, Freie Kirche im demokratischen Gemeinwesen, in: ZevKR 11 (1964/65), S. 337 ff.; *Martin Heckel*, Die Kirchen unter dem Grundgesetz, in: VVDStRL 26 (1968), S. 5 ff.; *Alexander Hollerbach*, ebenda, S. 57 ff.

kooperative Trennung von „Staat“ und „Kirche“ in den Blick nahm.

Den Grundton für die Nachkriegsdebatten lieferte Rudolf Smend 1950 mit einem Beitrag zu „Staat und Kirche nach dem Bonner Grundgesetz“. Daraus stammt der sicherlich meistzitierte Satz des deutschen Staatskirchenrechts: „Aber wenn zwei Grundgesetze dasselbe sagen, so ist es nicht dasselbe“.[13] Der Verweis auf Smends Überlegungen bleibt bis heute die maßgebliche literarische Referenz, wenn es darum geht, der Inkorporationstechnik des Art. 140 GG und dem mit dem Bonner Grundgesetz verbundenen Paradigmenwechsel im Staatskirchenrecht nachzuspüren. Dabei wird die eigentliche Pointe Smends zumeist übersehen. Smend sah nicht im veränderten Normkontext der inkorporierten Weimarer Artikel, sondern in der historischen Erfahrung des Kirchenkampfes der evangelischen Kirche den entscheidenden Punkt für eine Neubestimmung: Die Bekennende Kirche habe das überkommene Verständnis eines staatsabhängigen oder staatsanalogen Kirchentums überwunden und sich auf ihre eigene theologische Dignität besonnen. Die Kirche reklamiere in der Folge ein Wächteramt für die öffentliche Ordnung. Diesen Bewusstseinswandel erkenne das Grundgesetz an. Deshalb hätten die Weimarer Normen eine andere Bedeutung bekommen. Die Kirchen seien Teil „der verfassungsmäßig bejahten und geschützten öffentlichen Ordnung des deutschen Gemeinwesens“.[14] Als solche käme ihnen ein öffentlicher Gesamtstatus und origi-

---

[13] *Rudolf Smend*, Staat und Kirche nach dem Bonner Grundgesetz, in: ZevKR 1 (1951), S. 4 (4).

[14] *Rudolf Smend*, Zur Gewährung der Rechte einer Körperschaft des öffentlichen Rechts an Religionsgesellschaften gemäß Art. 137 WRV, in: ZevKR 2 (1952/1953), S. 374 (376).

näre, nicht vom Staat abgeleitete öffentliche Gewalt zu. Das unterscheide sie von anderen Religionsgemeinschaften.

Mit Smends protestantisch gefärbter Sicht korrespondierte auf römisch-katholischer Seite die durch Papst Leo XVIII. lehramtlich rezipierte Soziallehre des 19. Jahrhunderts, die Staat und Kirche als gleichberechtigte, sich selbst genügende „vollkommene Gemeinschaften" (societas perfecta) beschrieb. Sie wurde staatskirchenrechtlich als Koordinationslehre reformuliert.[15] Staat und Kirche erscheinen als zwei unabhängige Gewalten, die sich miteinander arrangieren müssen, weil sie beide mit dem gleichen Menschen als Bürger und Gläubigen zu tun haben. Für diese Koordination erschien der Vertrag das probate Handlungsinstrument.

Diese Lehren waren in den 1950er Jahren enorm einflussreich. Sie orientierten Rechtsprechung und Gesetzgebung gleichermaßen. Man meinte, mit der starken Betonung der Unabhängigkeit der Kirchen vom Staat und ihrer Bedeutung bei der „Wertevermittlung" die Erfahrungen aus dem Nationalsozialismus sinnvoll zu verarbeiten. Dabei redete man in erstaunlicher Kontinuität einer offenen Diskriminierung kleinerer Religionsgemeinschaften das Wort. Es dauerte lange, bis in den Blick kam, dass die Rolle der Kirchen im Dritten Reich mit der Koordinationslehre (und dem ihr zugrundeliegenden Selbstbild als Gegenmacht und Ort des Widerstandes) nur unzureichend aufbereitet war. Erst Mitte der 1960er Jahre setzte sich die Einsicht durch, dass die Koordinationslehre, so berechtigt ihr freiheitliches Grundanliegen war, weit über

---

[15] Beispielsweise bei *Hans Peters*, Die Gegenwartslage des Staatskirchenrechts, in: VVDStRL 11 (1954), S. 177 ff.

das Ziel hinausschoss. Die Vorstellung, dass eine große gesellschaftliche Entität wie die Kirche eine der Verfassung vorgängige öffentliche Gewalt inne hat und der staatlichen Rechtsetzung und Gerichtsbarkeit weitestgehend entzogen ist, stand quer zu den grundlegenden demokratietheoretischen Einsichten der Moderne. Andererseits war mit einem rein etatistischen, auf Souveränitätsvorstellungen des 19. Jahrhunderts abstellenden Gegenentwurf auch kein moderner Verfassungsstaat zu machen. Der Ansatz erinnerte doch allzu sehr an die überkommene Tradition der Kirchenhoheit, die in der grundrechtlich fundierten Freiheitsordnung des Grundgesetzes aus der Zeit gefallen war. Der koordinationsrechtliche „Überschwang" wurde ab Mitte der 1960er Jahre deshalb durch Deutungen des Staat-Kirche-Verhältnisses abgelöst, die die emanzipativ-demokratischen Impulse der damaligen Zeit aufnahmen. Die Kirchen, so die seitdem fest etablierte Lesart des Grundgesetzes, sind wie alle Bürger und ihre Vereinigungen selbstredend der durch das Grundgesetz aufgerichteten demokratisch legitimierten öffentlichen Gewalt unterworfen, zugleich aber durch diese Verfassungsordnung in ihrer Freiheit (auch zum öffentlichen Wirken), ihrer Unabhängigkeit (im Sinne organisatorischer Trennung) und ihrer Gleichberechtigung geschützt.

VII. Ausblick bis zur Gegenwart

Die sich anschließenden wissenschaftlichen Debatten blieben wesentlich auf die beiden großen Kirchen focusiert. Daran änderte auch die Wiedervereinigung 1990 zunächst nichts. Der Beitrag der Kirchen zur friedlichen Revolution in der DDR verdichtete sich religionspolitisch zu einem legitimationsstiftenden Narrativ: Vitale Kirchen sind wegen ihres antitotalitären Potentials im ureigenen Interesse des freiheitlichen Verfassungsstaats. Die neuen Länder adaptierten in diesem Sinne das bundesdeutsche Religionsverfassungsrecht. Nach und nach trat jedoch eine andere Wahrnehmung in den Vordergrund: Der Osten Deutschlands ist entkirchlicht. Die DDR ist als Gesellschaftsprojekt kolossal gescheitert, doch in ihrer marxistisch-leninistischen Religionspolitik war sie extrem erfolgreich.[1] Konfessionslosigkeit bestimmt hier seit den 1970er Jahren den lebensweltlichen Alltag der meisten Bewohner.

Zudem gerieten in den 1990er Jahren auch für den Westen Deutschlands die Rückwirkungen der von den Religionssoziologen als Strukturwandel der Religion beschriebenen Veränderungen in den Blick der Wissenschaft vom Religionsverfassungsrecht. Die Kirchenzentrierung wich einer neuen Aufmerksamkeit für den Islam, aber

[1] Im Detail stellt sich die Kirchenpolitik der DDR vielschichtig dar und schwankte bis 1989 zwischen ideologisch motivierter Repression und pragmatischer Duldung; siehe *Viola Vogel*, Abgestorben? Religionsrecht der DDR und der Volksrepublik Polen, 2015, S. 127ff.

auch all der anderen Erscheinungen der Pluralisierung, Individualisierung und Säkularisierung. Drei mögliche weitere Entwicklungspfade treten seit Mitte der 2000er Jahre in Konkurrenz:[2] Der „religionsverfassungsrechtliche“ Ansatz redet einer gewissen „Vergrundrechtlichung des Staatskirchenrechts“ das Wort. Die Weimarer Religionsartikel sind demnach zuvorderst vom Grundrecht der Religionsfreiheit her zu verstehen und nicht als institutionelles Sonderarrangement. Ein so gedeutetes Staatskirchenrecht gewinne innerstaatlich angesichts der veränderten religionsempirischen Verhältnisse an Plausibilität und sei auch auf europäischer Ebene leichter zu vermitteln.[3] Andere sehen hingegen das auf „anstaltliche Religionsverwaltung“ zugeschnittene Staatskirchenrecht in der überkommenen Form an ein Ende gekommen; es führe zu Ausgrenzungen von Minderheitenreligionen, berücksichtige die Konfessionslosen nicht hinreichend und könne auf die mit der religiösen Vielfalt zunehmenden Religionskonflikte nicht mehr angemessen reagieren.[4] An

---

[2] *Hans Michael Heinig*, Ordnung der Freiheit, in: ZevKR 53 (2008), S. 235 (241 ff.).

[3] Zur Diskussion mit weiteren Nachweisen *Hans Michael Heinig/Christian Walter* (Hrsg.), Staatskirchenrecht oder Religionsverfassungsrecht?, 2007; *dies.*, Religionsverfassungsrechtliche Spannungsfelder, 2015; *Christian Waldhoff*, Die Zukunft des Staatskirchenrechts, in: Essener Gespräche zum Thema Staat und Kirche 42 (2008), S. 55 ff.; *Stefan Muckel*, Das deutsche Staatskirchenrecht als Rahmen für den Auftrag der Kirchen im freiheitlichen Verfassungsstaat, in: Essener Gespräche zum Thema Staat und Kirche, 48 (2015), S. 107 ff.

[4] *Matthias Koenig*, Pfadabhängigkeit und institutioneller Wandel im deutschen Religionsrecht, in: Hans Michael Heinig/Christian Walter (Hrsg.), Staatskirchenrecht oder Religionsverfassungsrecht?, 2007, S. 91 ff.; ähnliche Stoßrichtung bei *Ulrich Willems*, Religionsfreiheit und Religionspolitik im Zeitalter religiöser und kul-

die Stelle des „korporatististischen Arrangements" müsse, so eine Schlussfolgerung im politischen Raum, eine laizistische Neuausrichtung des Religionsrechts treten. Geradezu konträr dazu schließlich stehen Hierarchisierungsansätze.[5] Sie sehen das geltende Staatskirchenrecht in einem engen Zusammenhang mit den christlichen Wurzeln des Verfassungsstaates. Die Grundfiguren des modernen Verfassungsdenkens seien christlich imprägniert und bedürften der Einbettung in eine christliche „Leitkultur". An besonderen Rechten über die Religionsfreiheit hinaus könne nur teilhaben, wer zu dieser Kultur einen konstruktiven Beitrag leiste.

Dieser Grundsatzstreit hält bis heute an und er steht auch im langen Schatten der hier geschilderten Rechts- und Religionsgeschichte.

---

tureller Pluralität, in: Daniel Bogner/Marianne Heimbach-Steins (Hrsg.), Freiheit – Gleicheit – Religion, 2012, S. 131 ff.

[5] *Paul Kirchhof*, Die Freiheit der Religionen und ihr unterschiedlicher Beitrag zu einem freien Gemeinwesen, in: Essener Gespräche zum Thema Staat und Kirche 39 (2005), S. 105 ff.; *Josef Isensee*, Diskussionsbeitrag, ebenda, S. 136 ff.; *Arnd Uhle*, Ein „rätselhafter" Ehrentitel? Der Körperschaftsstatus für Kirchen und Religionsgemeinschaften, in: Festschrift für Josef Isensee, 2007, S. 1033 ff.; unter anderen theoretischen Vorzeichen auch *Karl-Heinz Ladeur/Ino Augsberg*, Toleranz – Religion – Recht, 2007.

VIII. Resümee

Historiker nähern sich der Frage, was man aus der Geschichte lernen kann, überaus skrupulös. Rechtswissenschaftler sind da vielleicht bedenkenloser. Verfassungsgeschichte ist ihnen immer zugleich Selbstzweck und „Hilfswissenschaft", die auch dem besseren Verständnis des geltenden Rechts dient. Wieso die historische Entwicklung wichtig ist, um die heutige Stellung der Religion und ihrer Sozialformen im modernen Verfassungsstaat zu begreifen, ist immer auch am konkreten Material zu verdeutlichen. Das lässt sich im Rahmen dieses Beitrags nicht im Detail leisten.

Die hiesige Rückschau zeigt jedenfalls an, dass sich im geltenden Recht und seiner Deutung Sedimente unterschiedlichster historischer Erfahrungen, positiv oder negativ, eingelagert haben. Rechtsbegriffe im Religionsrecht (wie „Bekenntnis" oder „Religionsgesellschaft") eröffnen einen tief zurückreichenden Resonanzraum. Dem Recht geht es wie Individuen: wir sind nicht bloß Produkt unserer Herkunftsgeschichte, aber wir werden sie auch nicht los.

Unterschiedliche Grunderfahrungen und Zäsuren prägen unsere Vorstellungen einer „guten" religionsrechtlichen Ordnung, teils in scharfer Abgrenzung, teils als Blaupause für zukünftige normative Arrangements:

- das Trauma des konfessionellen Bürgerkrieges im 17. Jahrhundert, der das Gewaltpotential der Religion in das kollektive Gedächtnis unseres Kulturkreises schrieb;

- das Aufkommen eines paritätisch-rahmenrechtlichen Arrangements im Alten Reich, das die Religionskonflikte unter Bedingungen des Bikonfessionalismus durch die religiöse Neutralisierung der Reichsgewalt einhegte und mit den Mitteln des Rechts befriedete;
- das römisch-katholische Trauma des Kulturkampfes, der im Namen des Fortschritts grundlegende Freiheitsrechte missachtete; der Gestaltungs- und Deutungsanspruch des emanzipativen Denkens verband sich mit borussischem Etatismus und verlor seine Unschuld (soweit man nach der französischen Revolution überhaupt noch davon sprechen konnte);
- die mühsame Einübung in eine „schiedlich-friedliche" Trennung von Staat und Kirchen nach 1919, die letztlich nach 1945 zu einer lange Zeit stabilen Form kooperativer und freiheitsachtender Unterscheidung von Religion und Politik in Deutschland geführt hat;
- die lange Geschichte der Diskriminierung kleinerer Religions- und Weltanschauungsgemeinschaften, die diffamiert und verfolgt wurden und deren öffentliches Wirken nahezu durchgängig behindert wurde;
- der Kirchenkampf nach 1933, der die evangelische Kirche nötigte, sich am traditionellen Etatismus der protestantischen Theologie abzuarbeiten und in der Folge gegenüber dem Staat eigenständig zu verorten;
- die mörderische Verfolgung religiöser Minderheiten im Nationalsozialismus sowie die kirchenfeindliche Ausrichtung des Regimes ab 1939/1940 mit dem Ziel, Religionen und Weltanschauungen, sie sich nicht in die rassistisch-völkische Ideologie einfügen, aus dem öffentlichen Raum zu verdrängen;
- schließlich – die Gegenwartsdebatten stark prägend: Prozesse der Entkirchlichung und Säkularisierung, der

Pluralisierung infolge von Migration und der Individualisierung religiöser Überzeugungen.

Die vorstehenden Ausführungen zeigen aber auch, wie sich die religionsrechtlichen Ordnungen über die Zeit in vielfacher Hinsicht als prekär erweisen: als stets gefährdete Friedensordnungen, als Kontrastbild, das einen manifesten Widerspruch zwischen normativem Anspruch und politischer Wirklichkeit zeigt, als konservierendes Ideal „guter" Zustände, auf die ideen-, sozial- und strukturgeschichtliche Dynamiken treffen, die mit Macht Neues bringen. Wenn wir heute den Eindruck haben, eine religionspolitische Ordnung im Umbruch zu erleben, stehen wir möglicherweise in größerer Kontinuität, als man gemeinhin denkt. Dynamik ist religionsrechtsgeschichtlich der Normalzustand. Die Geschichte zeigt, wie das Religionsrecht immer wieder sozialen Wandel adaptiert und Normkomplexe und Rechtsinstitutionen sich wandeln, gerade weil sie sich eigentlich bewährt haben und damit sie auch auf veränderte Umstände passen. Es spricht viel dafür, dass wir wieder in einer solchen Phase sind, dass auch das Grundgesetz nach vielen Jahren relativer religionspolitischer Stabilität wieder in eine Zeit prekärer Ordnung gerät. Grundprinzipien haben ihre Selbstverständlichkeit verloren und sind neu zu plausibilisieren. Viele Detailfragen sind politisch streitig gestellt. Neue Konfliktkonstellationen kommen auf. Deshalb gilt: Die heutigen religionsrechtlichen und religionspolitischen Herausforderungen sind zu groß, als dass wir es uns leisten könnten, ihre Vorgeschichten zu ignorieren.

Anhang: Normtexte 1648–1919 in Auswahl

Instrumentum Pacis Osnabrugensis von 1648 (IPO)

Art. V § 1

... In allen übrigen Punkten aber soll zwischen sämtlichen Kurfürsten, Fürsten und Ständen beider Bekenntnisse vollständige und gegenseitige Gleichheit (sit aequalitas exacta mutuaque), wie sie der gesamten Verfassung des Reiches, den Reichsgesetzen und dem gegenwärtigen Vertrag gemäß ist, herrschen, und zwar in der Weise, daß das, was für den einen Teil Recht ist, auch für den anderen Teil Recht sein (quod uni parti iustum est, alteri quoque sit iustum) und alle Gewaltanwendung, wie überall so auch hier, zwischen beiden Parteien für immer untersagt sein soll (violentia perpetuo prohibita).

Art. V § 9

Eine Stimmenmehrheit in Angelegenheiten, die die Religion mittelbar oder unmittelbar betreffen, findet nicht statt (pluralitas autem votorum in causis religionem sive directe sive indirecte concernentibus nequaquam attendatur) ...

Art. V § 35

Ob die Untertanen aber katholischen Glaubens oder Augsburgischer Konfession sind, sollen sie doch nirgends wegen ihres Bekenntnisses verachtet (ob religionem despicatui habeantur) und auch nicht aus der Gemeinschaft der Kaufleute, Handwerker und Zünfte, von Erbschaften, Vermächtnissen, Spitälern, Siechenhäusern, Almosen und anderen Rechten oder Geschäften, noch viel weniger von den öffentlichen Kirchhöfen und einem ehrlichen Begräbnis ausgeschlossen und sollen für das Begräbnis auch keine anderen Kosten von den Hinterbliebenen gefordert werden, als die Pfarrkirche gewöhnlich für die Beerdigung zu nehmen berechtigt ist; vielmehr sollen sie in diesen und ähnlichen Fällen in gleicher Weise wie ihre Mitbürger Recht, Gerechtigkeit und Schutz genießen (aequali iustitia protectioneque tuti).

Art. V § 36

Sollte aber ein Untertan, dem im Jahre 1624 weder die öffentliche noch die private Religionsausübung zustand, oder jemand, der nach der Verkündung des Friedens sein Bekenntnis wechselt, freiwillig auswandern oder vom Landesherrn dazu gezwungen werden, so soll es ihm freistehen, entweder sein Vermögen zu behalten oder nach dessen Veräußerung wegzuziehen oder das zurückgelassene Vermögen durch Verwalter bewirtschaften zu lassen (liberum ei sit, aut retentis bonis aut alienatis discedere retenta per ministros administrare) und, so oft es die Lage erfordert, zur Aufsicht über sein Vermögen oder zur Führung von Prozessen oder zur Eintreibung von Schulden frei und ohne Geleitsbrief (libere et sine literis) sich dorthin zu begeben.

Art. V § 43

Sollte das landesherrliche Recht vor oder nach dem Normaljahr 1624 streitig gewesen sein, so soll bis zur endgültigen Entscheidung über dieses Recht dem Inhaber [des Rechtes] im vorerwähnten Jahr das Recht der öffentlichen Religionsausübung zustehen. Die Untertanen aber sollen während des Streites über das landesherrliche Recht wegen eines inzwischen stattgefundenen Bekenntniswechsels nicht gezwungen sein, auszuwandern.

Art. V § 52

In Religions- und anderen Angelegenheiten, in denen die Stände nicht als geschlossene Gebilde betrachtet werden können (ubi status tanquam unum corpus considerari nequeunt), desgleichen, wenn die katholischen Stände und die Stände Augsburgischer Konfession sich in zwei Parteien teilen (in duas partes euntibus), soll der Streit nur durch einen gütlichen Vergleich (amicabilis compositio) ohne Rücksicht auf die Mehrheit der Stimmen (non attenta votorum pluralitate) beigelegt werden. Was aber die Stimmenmehrheit in Steuersachen betrifft, so soll dieser Gegenstand, da er auf der gegenwärtigen Versammlung nicht entschieden werden konnte, auf den nächsten Reichstag (ad proxima comitia) vertagt werden.

Quelle: http://www.westfaelische-geschichte.de/que740

Allgemeines Landrecht für die preußischen Staaten von 1794 (ALR)

Elfter Titel

Von den Rechten und Pflichten der Kirchen und geistlichen Gesellschaften

Allgemeine Grundsätze

§ 1

Die Begriffe der Einwohner des Staats von Gott und göttlichen Dingen, der Glaube, und der innere Gottesdienst, können kein Gegenstand von Zwangsgesetzen seyn.

§ 2

Jedem Einwohner im Staate muß eine vollkommene Glaubens- und Gewissensfreyheit gestattet werden.

§ 3

Niemand ist schuldig, über seine Privatmeinungen in Religionssachen Vorschriften vom Staate anzunehmen.

§ 4

Niemand soll wegen seiner Religionsmeinungen beunruhigt, zur Rechenschaft gezogen, verspottet, oder gar verfolgt werden.

…

Vom häuslichen Gottesdienste

§ 7

Jeder Hausvater kann seinen häuslichen Dienst nach Gutfinden anordnen.

§ 8

Er kann aber Mitglieder, die einer andern Religionspartey zugethan sind, zur Beywohnung desselben wider ihren Willen nicht anhalten.

§ 9

Heimliche Zusammenkünfte, welche der Ordnung und Sicherheit des Staats gefährlich werden könnten, sollen, auch unter dem Vorwande des häuslichen Gottesdienstes, nicht geduldet werden.

Religionsgesellschaften.

§ 10

Wohl aber können mehrere Einwohner des Staats, unter dessen Genehmigung, zu Religionsübungen sich verbinden.

Kirchengesellschaften

§ 11

Religionsgesellschaften, welche sich zur ordentlichen Feyer des Gottesdienstes verbunden haben, werden Kirchengesellschaften genannt.

Geistliche Gesellschaften.

§ 12

Diejenigen, welche zu gewissen andern besondern Religionsübungen vereinigt sind, führen den Namen der geistlichen Gesellschaften.

Erster Abschnitt

Von Kirchengesellschaften überhaupt

Grundsatz

§ 13

Jede Kirchengesellschaft ist verpflichtet, ihren Mitgliedern Ehrfurcht gegen die Gottheit, Gehorsam gegen die Gesetze, Treue gegen den Staat, und sittlich gute Gesinnungen gegen ihre Mitbürger einzuflößen.

Unerlaubte Kirchengesellschaften

§ 14

Religionsgrundsätze, welche diesem zuwider sind, sollen im Staate nicht gelehrt, und weder mündlich, noch in Volksschriften, ausgebreitet werden.

Quelle: http://www.koeblergerhard.de/Fontes/ALR2fuerdiepreussischenStaaten1794Teil2.htm

Deutsche Bundesakte von 1815

Art. XVI

Die Verschiedenheit der christlichen Religions-Partheyen kann in den Ländern und Gebiethen des deutschen Bundes keinen Unterschied in dem Genusse der bürgerlichen und politischen Rechte begründen.
Die Bundesversammlung wird in Berathung ziehen, wie auf eine möglichst übereinstimmende Weise die bürgerliche Verbesserung der Bekenner des jüdischen Glaubens in Deutschland zu bewirken sey, und wie insonderheit denselben der Genuß der bürgerlichen Rechte gegen die Uebernahme aller Bürgerpflichten in den Bundesstaaten verschafft und gesichert werden könne; jedoch werden den Bekennern dieses Glaubens bis dahin die denselben von den einzelnen Bundesstaaten bereits eingeräumten Rechte erhalten.

Quelle: http://www.koeblergerhard.de/Fontes/DeutscheBundesakte1815.htm

Paulskirchenverfassung von 1848

Artikel V

§ 144.

Jeder Deutsche hat volle Glaubens- und Gewissensfreiheit.
Niemand ist verpflichtet, seine religiöse Überzeugung zu offenbaren.

§ 145

Jeder Deutsche ist unbeschränkt in der gemeinsamen häuslichen und öffentlichen Übung seiner Religion.
Verbrechen und Vergehen, welche bei Ausübung dieser Freiheit begangen werden, sind nach dem Gesetze zu bestrafen.

§ 146

Durch das religiöse Bekenntniß wird der Genuß der bürgerlichen und staatsbürgerlichen Rechte weder bedingt noch beschränkt. Den staatsbürgerlichen Pflichten darf dasselbe keinen Abbruch thun.

§ 147

Jede Religionsgesellschaft ordnet und verwaltet ihre Angelegenheiten selbstständig, bleibt aber den allgemeinen Staatsgesetzen unterworfen.
Keine Religionsgesellschaft genießt vor andern Vorrechte durch den Staat; es besteht fernerhin keine Staatskirche.
Neue Religionsgesellschaften dürfen sich bilden; einer Anerkennung ihres Bekenntnisses durch den Staat bedarf es nicht.

§ 148

Niemand soll zu einer kirchlichen Handlung oder Feierlichkeit gezwungen werden.

§ 150

Die bürgerliche Gültigkeit der Ehe ist nur von der Vollziehung des Civilactes abhängig; die kirchliche Trauung kann nur nach der Vollziehung des Civilactes stattfinden.
Die Religionsverschiedenheit ist kein bürgerliches Ehehinderniß.

§ 151

Die Standesbücher werden von den bürgerlichen Behörden geführt.

Quelle: http://www.verfassungen.de/de/de06-66/verfassung48-i.htm

Preußische Verfassung von 1850

Art. 12

Die Freiheit des religiösen Bekenntnisses, der Vereinigung zu Religionsgesellschaften (Art. 30 und 31) und der gemeinsamen häuslichen und öffentlichen Religionsübung wird gewährleistet. Der Genuß der bürgerlichen und staatsbürgerlichen Rechte ist unabhängig von dem religiösen Bekenntnisse. Den bürgerlichen und staatsbürgerlichen Pflichten darf durch die Ausübung der Religionsfreiheit kein Abbruch geschehen.

Art. 13

Die Religionsgesellschaften, so wie die geistlichen Gesellschaften, welche keine Korporationsrechte haben, können diese Rechte nur durch besondere Gesetze erlangen.

Art. 14

Die christliche Religion wird bei denjenigen Einrichtungen des Staats, welche mit der Religionsübung im Zusammenhange stehen, unbeschadet der im Art. 12 gewährleisteten Religionsfreiheit zum Grunde gelegte.

Art. 15

Die evangelische und die römisch-katholische Kirche, so wie jede andere Religionsgesellschaft, ordnet und verwaltet ihre Angelegenheiten selbstständig und bleibt im Besitz und Genuß der für ihre Kultus-, Unterrichts- und Wohlthätigkeitszwecke bestimmten Anstalten, Stiftungen und Fonds.

Quelle: http://www.verfassungen.de/de/preussen/preussen50-index.htm

Weimarer Reichsverfassung von 1919

Artikel 10

Das Reich kann im Wege der Gesetzgebung Grundsätze aufstellen für:

1. die Rechte und Pflichten der Religionsgesellschaften; …

Artikel 135

Alle Bewohner des Reichs genießen volle Glaubens- und Gewissensfreiheit. Die ungestörte Religionsübung wird durch die Verfassung gewährleistet und steht unter staatlichem Schutz. Die allgemeinen Staatsgesetze bleiben hiervon unberührt.

Artikel 136

Die bürgerlichen und staatsbürgerlichen Rechte und Pflichten werden durch die Ausübung der Religionsfreiheit weder bedingt noch beschränkt.
Der Genuß bürgerlicher und staatsbürgerlicher Rechte sowie die Zulassung zu öffentlichen Ämtern sind unabhängig von dem religiösen Bekenntnis. Niemand ist verpflichtet, seine religiöse Überzeugung zu offenbaren.
Die Behörden haben nur soweit das Recht, nach der Zugehörigkeit zu einer Religionsgesellschaft zu fragen, als davon Rechte und Pflichten abhängen oder eine gesetzlich angeordnete statistische Erhebung dies erfordert.
Niemand darf zu einer kirchlichen Handlung oder Feierlichkeit oder zur Teilnahme an religiösen Übungen oder zur Benutzung einer religiösen Eidesform gezwungen werden.

Artikel 137

Es besteht keine Staatskirche.
Die Freiheit der Vereinigung zu Religionsgesellschaften wird gewährleistet. Der Zusammenschluß von Religionsgesellschaften innerhalb des Reichsgebiets unterliegt keinen Beschränkungen.
Jede Religionsgesellschaft ordnet und verwaltet ihre Angelegenheiten selbständig innerhalb der Schranken des für alle geltenden Gesetzes. Sie verleiht ihre Ämter ohne Mitwirkung des Staates oder der bürgerlichen Gemeinde.
Religionsgesellschaften erwerben die Rechtsfähigkeit nach den allgemeinen Vorschriften des bürgerlichen Rechts.
Die Religionsgesellschaften bleiben Körperschaften des öffentlichen Rechtes, soweit sie solche bisher waren. Anderen Religionsgesellschaften sind auf ihren Antrag gleiche Rechte zu gewähren, wenn sie durch ihre Verfassung und die Zahl ihrer

Mitglieder die Gewähr der Dauer bieten. Schließen sich mehrere derartige öffentlich-rechtliche Religionsgesellschaften zu einem Verbande zusammen, so ist auch dieser Verband eine öffentlich-rechtliche Körperschaft.
Die Religionsgesellschaften, welche Körperschaften des öffentlichen Rechtes sind, sind berechtigt, auf Grund der bürgerlichen Steuerlisten nach Maßgabe der landesrechtlichen Bestimmungen Steuern zu erheben.
Den Religionsgesellschaften werden die Vereinigungen gleichgestellt, die sich die gemeinschaftliche Pflege einer Weltanschauung zur Aufgabe machen.
Soweit die Durchführung dieser Bestimmungen eine weitere Regelung erfordert, liegt diese der Landesgesetzgebung ob.

Artikel 138

Die auf Gesetz, Vertrag oder besonderen Rechtstiteln beruhenden Staatsleistungen an die Religionsgesellschaften werden durch die Landesgesetzgebung abgelöst. Die Grundsätze hierfür stellt das Reich auf.
Das Eigentum und andere Rechte der Religionsgesellschaften und religiösen Vereine an ihren für Kultus-, Unterrichts- und Wohlfahrtszwecke bestimmten Anstalten, Stiftungen und sonstigen Vermögen werden gewährleistet.

Artikel 139

Der Sonntag und die staatlich anerkannten Feiertage bleiben als Tage der Arbeitsruhe und der seelischen Erhebung gesetzlich geschützt.

Artikel 140

Den Angehörigen der Wehrmacht ist die nötige freie Zeit zur Erfüllung ihrer religiösen Pflichten zu gewähren.

Artikel 141

Soweit das Bedürfnis nach Gottesdienst und Seelsorge im Heer, in Krankenhäusern, Strafanstalten oder sonstigen öffentlichen Anstalten besteht, sind die Religionsgesellschaften zur Vornahme religiöser Handlungen zuzulassen, wobei jeder Zwang fernzuhalten ist.

Artikel 146

Das öffentliche Schulwesen ist organisch auszugestalten. Auf einer für alle gemeinsamen Grundschule baut sich das mittlere und höhere Schulwesen auf. Für diesen Aufbau ist die Mannigfaltigkeit der Lebensberufe, für die Aufnahme eines Kindes in eine bestimmte Schule sind seine Anlage und Neigung, nicht die wirtschaftliche und gesellschaftliche Stellung oder das Religionsbekenntnis seiner Eltern maßgebend.

Innerhalb der Gemeinden sind indes auf Antrag von Erziehungsberechtigten Volksschulen ihres Bekenntnisses oder ihrer Weltanschauung einzurichten, soweit hierdurch ein geordneter Schulbetrieb, auch im Sinne des Abs. 1, nicht beeinträchtigt wird. Der Wille der Erziehungsberechtigten ist möglichst zu berücksichtigen. Das Nähere bestimmt die Landesgesetzgebung nach den Grundsätzen eines Reichsgesetzes.

Für den Zugang Minderbemittelter zu den mittleren und höheren Schulen sind durch Reich, Länder und Gemeinden öffentliche Mittel bereitzustellen, insbesondere Erziehungsbeihilfen für die Eltern von Kindern, die zur Ausbildung auf mittleren und höheren Schulen für geeignet erachtet werden, bis zur Beendigung ihrer Ausbildung.

Artikel 147

Private Schulen als Ersatz für öffentliche Schulen bedürfen der Genehmigung des Staates und unterstehen den Landesgesetzen. Die Genehmigung ist zu erteilen, wenn die Privatschulen in ihren Lehrzielen und Einrichtungen sowie in der wissenschaftlichen Ausbildung ihrer Lehrkräfte nicht hinter den öffentlichen Schulen zurückstehen und eine Sonderung der Schüler nach den Besitzverhältnissen der Eltern nicht gefördert wird. Die Genehmigung ist zu versagen, wenn die wirtschaftliche und rechtliche Stellung der Lehrkräfte nicht genügend gesichert ist.

Private Volksschulen sind nur zuzulassen, wenn für eine Minderheit von Erziehungsberechtigten, deren Wille nach Artikel 146 Abs. 2 zu berücksichtigen ist, eine öffentliche Volksschule ihres Bekenntnisses oder ihrer Weltanschauung in der Gemeinde nicht besteht oder die Unterrichtsverwaltung ein besonderes pädagogisches Interesse anerkennt.

Artikel 149

Der Religionsunterricht ist ordentliches Lehrfach der Schulen mit Ausnahme der bekenntnisfreien (weltlichen) Schulen. Seine Erteilung wird im Rahmen der Schulgesetzgebung geregelt. Der Religionsunterricht wird in Übereinstimmung mit den Grundsätzen der betreffenden Religionsgesellschaften unbeschadet des Aufsichtsrechts des Staates erteilt.

Die Erteilung religiösen Unterrichts und die Vornahme kirchlicher Verrichtungen bleibt der Willenserklärung der Lehrer, die Teilnahme an religiösen Unterrichtsfächern und an kirchlichen Feiern und Handlungen der Willenserklärung desjenigen überlassen, der über die religiöse Erziehung des Kindes zu bestimmen hat.

Die theologischen Fakultäten an den Hochschulen bleiben erhalten.

Quelle: http://www.verfassungen.de/de/de19-33/verf19-i.htm

Abbildungsnachweise

Abbildung 1: Postwertzeichen 350 Jahre Westfälischer Frieden. Archiv für Philatelie Bonn.

Abbildung 2: Friedens-Schluß/ Wie solcher Von der Römischen Käyserlichen/ auch Königl. Schwedischen Majest: Majest: So dann Des Heil: Römischen Reichs Extraordinari-Deputirten/ und anderer Chur: Fürsten und Stände Gevollmächtigten und Hochansehnlichen Herren Abge ..., 1648, S. 1, Online-Ausgabe http://diglib.hab.de/drucke/l-334-4f-helmst-4s/start.htm. CC-BY-SA-3.0.

Abbildung 3: Pufendorf, Samuel: Samuelis Pufendorfii De Iure Naturae Et Gentium Libri Octo , 1685, S. 8; http://digital.staats bibliothek-berlin.de/werkansicht?PPN=PPN883215128&PHY SID=PHYS_0009. CC-BY-SA-3.0.

Abbildung 4: Titelblatt und Graphik Allgemeines Landrecht für die Preussischen Staaten, Theil 1 Band 1, 3. Auflage 1796, SUB Göttingen, Sign. 8 J STAT III, 303 [3]:1; CC-BY-SA-3.0.

Abbildung 5: Die erste deutsche Nationalversammlung trat in Frankfurt am Main zusammen. Die Abgeordneten zogen am 18.5.1848 in die Paulskirche ein. Deutsches Historisches Museum, Berlin. Inv.-Nr.: Gr S 55/1598.

Abbildung 6: Bismarckalbum des Kladderadatsch, 9. Auflage 1890, S. 86, Universitätsbibliothek Heidelberg, Sig. B 4429 11 FLO, CC-BY-SA-3.0.

Abbildung 7: Eröffnungssitzung der verfassungsgebenden Deutschen Nationalversammlung. Am Rednerpult: Friedrich Ebert. Fotografie einer Zeichnung von Hans W. Schmidt 1919. Deutsches Historisches Museum, Berlin. Inv.-Nr.: F 71/360.

Abbildung 8: Die Verfassung des Deutschen Reiches, herausgegeben von Walter Hawel, 2. Auflage 1930. Kirchenrechtliches Institut der EKD, Sign. R 291 – Foto aus Privatbesitz.

Abbildung 9: RGBl. Teil II 1933, Nr. 38, S. 679, SUB Göttingen, Sign. 14 : ZA 1/1; CC-BY-SA-3.0.

Abbildung 10: Ausschnitt aus der „Theologischen Erklärung der Bekenntnissynode in Barmen vom 31. Mai 1934".

Abbildung 11: Zerstörte Aegidienkirche in Hannover, HAZ-Hauschild-Archiv, Historisches Museum Hannover.

Abbildung 12: Porträt des ersten Bundespräsidenten der Bundesrepublik Deutschland: Theodor Heuss, 1950. Deutsches Historisches Museum. Sign. Schirn K 112793.

Literaturverzeichnis

Benz, Wolfgang: Auftrag Demokratie. Die Gründungsgeschichte der Bundesrepublik Deutschland und die Entstehung der DDR 1945–1949, 2009.

Berman, Harold J.: Law and Revolution II, Cambridge Mas./London 2003.

Besier, Gerhard u. a. (Hrsg.): Der Kompromiss um Treysa, 1995.

Böckenförde, Ernst-Wolfgang: Der deutsche Katholizismus im Jahre 1933, 1988.

Böckenförde, Ernst-Wolfgang: Die Bedeutung der Unterscheidung von Staat und Gesellschaft im demokratischen Sozialstaat der Gegenwart (1972), in: ders.: Recht, Staat, Freiheit, 1991, S. 209 ff.

Böckenförde, Ernst-Wolfgang: Die Entstehung des Staates als Vorgang der Säkularisation, in: ders.: Recht, Staat, Freiheit, 1991, S. 92 ff.

Bonner Kommentar zum Grundgesetz, hrsg. von Wolfgang Kahl/Christian Waldhoff/Christian Walter, Stand: 189. Ergänzungslieferung 2018.

Boyens, Armin: Die Kirchenpolitik der amerikanischen Besatzungsmacht in Deutschland von 1944–1946, in: ders.: Kirchen in der Nachkriegszeit, 1979, S. 7 ff.

Brommarius, Christian: Das Grundgesetz. Eine Biographie, 2009.

Clark, Christopher: Preußen, 2007.

Demel, Michael: Gebrochene Normalität, 2011.

Deutscher Bundestag/Bundearchiv (Hrsg.): Der Parlamentarische Rat 1948–1949 – Akten und Protokolle, Bd. 5/II, 1993.

Di Fabio, Udo/Schilling, Johannes (Hrsg.): Die Weltwirkung der Reformation, 2017.

Dreier, Horst: Kanonistik und Konfessionalisierung – Marksteine auf dem Weg zum Staat, in: Juristenzeitung 2002, S. 1 ff.

Dreier, Horst: Staat ohne Gott. Religion in der säkularen Moderne, 2018.

Frotscher, Werner/Pieroth, Bodo: Verfassungsgeschichte, 9. Auflage 2010.

Gailus, Manfred/Lehmann, Hartmut (Hrsg.): Nationalprotestantische Mentalitäten (1870–1970), 2005.

Gailus, Manfred/Nolzen, Armin (Hrsg.): Zerstrittene „Volksgemeinschaft", 2011.

Greschat, Martin: Der Protestantismus in der Bundesrepublik Deutschland, 1945–2005, 2011.

Greschat, Martin: Die evangelische Christenheit und die deutsche Geschichte nach 1945, 2002.

Großbölting, Thomas: Der verlorene Himmel, 2013.

Gürtler, Paul: Nationalsozialismus und evangelische Kirche im Warthegau, 1958.

Habermas, Jürgen: Faktizität und Geltung, 1993.

Heckel, Johannes: Cura religionis, Ius in Sacra, Ius circa sacra, 2. Auflage 1962.

Heckel, Martin: Die Kirchen unter dem Grundgesetz, in: VVDStRL 26 (1968), S. 5 ff.

Heckel, Martin: Weltlichkeit und Säkularisierung, in: ders.: Gesammelte Schriften, Bd. 2, 1989, S. 912 ff.

Heckel, Martin: Religionsfreiheit, in: ders.: Gesammelte Schriften, Bd. 4, 1997, S. 647 ff.

Heckel, Martin: Zu den Anfängen der Religionsfreiheit im Konfessionellen Zeitalter, in: ders.: Gesammelte Schriften, Bd. 5, 2004, S. 81 ff.

Heckel, Martin: Das Bekenntnis – ein Vexierbild des Staatskirchenrechts?, in ders.: Gesammelte Schriften, Bd. 5, 2004, S. 209 ff.

Heilfron, Eduard (Hrsg.): Die Deutsche Nationalversammlung im Jahre 1919 in ihrer Arbeit für den Aufbau eines neuen Volksstaates, Bd. 2, 1920.

Heilfron, Eduard (Hrsg.): Die Deutsche Nationalversammlung im Jahre 1919 in ihrer Arbeit für den Aufbau eines neuen Volksstaates, Bd. 6, 1920.

Heinig, Hans Michael: Öffentlich-rechtliche Religionsgesellschaften, 2003.

Heinig, Hans Michael/Walter, Christian (Hrsg.): Staatskirchenrecht oder Religionsverfassungsrecht?, 2007.

Heinig, Hans Michael: Ordnung der Freiheit, in: ZevKR 53 (2008), S. 235 ff.

Heinig, Hans Michael: Deutungsmachtkonflikte als Deutungs- und Machtkonflikte im Religionsrecht, in: Philipp Stoellger (Hrsg.), Deutungsmacht, 2014, S. 411 ff.

Heinig, Hans Michael/Walter, Christian (Hrsg.): Religionsverfassungsrechtliche Spannungsfelder, 2015.

Hense, Ansgar: Zwischen Kollektivität und Individualität, in: Hans Michael Heinig/Christian Walter (Hrsg.), Staatskirchenrecht oder Religionsverfassungsrecht?, 2007, S. 7 ff.

Hesse, Konrad: Die Entwicklung des Staatskirchenrechts seit 1945, in: JöR n. F. 10 (1961), S. 3 ff.

Hesse, Konrad: Freie Kirche im demokratischen Gemeinwesen, in: ZevKR 11 (1964/65), S. 337 ff.

Hollerbach, Alexander: Die Kirchen unter dem Grundgesetz in VVDStRL 26 (1968), S. 57 ff.

Huber, Ernst Rudolf: Deutsche Verfassungsgeschichte seit 1789, Bd. 1, 2. Auflage 1967.

Huber, Ernst Rudolf/Huber, Wolfgang: Staat und Kirche im 19. und 20. Jahrhundert, Bd. 2, 1976.

Huber, Ernst Rudolf/Huber, Wolfgang: Staat und Kirche im 19. und 20. Jahrhundert, Bd. 4, 1988.

Isensee, Josef: Diskussionsbeitrag, in: Essener Gespräche zum Thema Staat und Kirche 39 (2005), S. 136 ff.

Jestaedt, Matthias u. a.: Das entgrenzte Gericht, 2011.

Kästner, Karl-Hermann: Religionsgesellschaft, in: ders.: Gesammelte Schriften, 2011, S. 45 ff.

Kaufmann, Thomas: Geschichte der Reformation, 2009.

Kirchhof, Paul: Die Freiheit der Religionen und ihr unterschiedlicher Beitrag zu einem freien Gemeinwesen, in: Essener Gespräche zum Thema Staat und Kirche 39 (2005), S. 105 ff.

Koenig, Matthias: Pfadabhängigkeit und institutioneller Wandel im deutschen Religionsrecht, in: Hans Michael Heinig/Christian Walter (Hrsg.), Staatskirchenrecht oder Religionsverfassungsrecht?, 2007, S. 91 ff.

Korioth, Stefan: Etappen des Religionsrechts von der Reformation bis heute, in: ZevKR 62 (2017), S. 348 ff.

Ladeur, Karl-Heinz/Augsberg, Ino: Toleranz – Religion – Recht, 2007.

Landau, Peter: Das Kirchenrecht des Allgemeinen Landrechts für die Preußischen Staaten im 19. Jahrhundert, in: ders.: Grundlagen und Geschichte des evangelischen Kirchenrechts und Staatskirchenrechts, 2010, S. 175 ff.

Link, Christoph: Staat und Kirche in der neueren deutschen Geschichte, 2000.

Link, Christoph: Kirchliche Rechtsgeschichte, 2. Auflage 2010.

Listl, Joseph: Das Staatskirchenrecht in der Bundesrepublik Deutschland von 1949 bis 1963, in: Anton Rauscher (Hrsg.), Kirche und Staat in der Bundesrepublik Deutschland 1949–1963, 1979, S. 9 ff.

Luhmann, Niklas: Verfassung als evolutionäre Errungenschaft, in: Rechtshistorisches Journal 9 (1990), S. 176 ff.

MacCulloch, Diarmaid: Die Reformation, 2008.

Maunz/Dürig (Hrsg.), Grundgesetz für die Bundesrepublik Deutschland, Stand: 81. Lieferung 2017.

Möllers, Christoph: Die drei Gewalten, 2008.

Möllers, Christoph: Das Grundgesetz, 2009.

Morlok, Martin: Selbstverständnis als Rechtskriterium, 1993.

Morsey, Rudolf: Der Kulturkampf, in: Essener Gespräche zum Thema Staat und Kirche 34 (2000), S. 5 ff.

Muckel, Stefan: Das deutsche Staatskirchenrecht als Rahmen für den Auftrag der Kirchen im freiheitlichen Verfassungsstaat, in: Essener Gespräche zum Thema Staat und Kirche 48 (2015), S. 107 ff.

Nipperdey, Thomas: Deutsche Geschichte 1800–1866, 1983.

Nowak, Kurt: Geschichte des Christentums in Deutschland, 1995.

Peters, Hans: Die Gegenwartslage des Staatskirchenrechts, in: VVDStRL 11 (1954), S. 177 ff.

Quaritsch, Helmut/Weber, Hermann (Hrsg.): Staat und Kirchen in der Bundesrepublik, 1967.

Reinhard, Wolfgang: Geschichte der Staatsgewalt, 2. Auflage 2000.

Reinhard, Wolfgang: Geschichte des modernen Staates, 2007.
Richter, Ludwig: Kirche und Schule in den Beratungen der Weimarer Nationalversammlung, 1995.
Scheuner, Ulrich: Die staatskirchenrechtliche Tragweite des niedersächsischen Kirchenvertrages von Kloster Loccum, in: ders.: Schriften zum Staatskirchenrecht, 1973, S. 301 ff.
Schilling, Heinz: Konfessionskonflikt und Staatsbildung, 1981.
Schilling, Heinz: Die Konfessionalisierung im Reich, in: Historische Zeitschrift 246 (1988), S. 1 ff.
Schmitt, Carl: Verfassungslehre (1928), 8. Auflage 1993.
Schönberger, Christoph: Etappen des deutschen Religionsrechts von der Reformation bis heute, in: ZevKR 62 (2017), S. 333 ff.
Simon, Thomas: „Gute Policey" – Ordnungsleitbilder und Zielvorstellungen politischen Handelns in der Frühen Neuzeit, 2004.
Smend, Rudolf: Staat und Kirche nach dem Bonner Grundgesetz, in: ZevKR 1 (1951), S. 4 ff.
Smend, Rudolf: Zur Gewährung der Rechte einer Körperschaft des öffentlichen Rechts an Religionsgesellschaften gemäß Art. 137 WRV, in: ZevKR 2 (1952/1953), S. 374 ff.
Smend, Rudolf: Der Niedersächsische Kirchenvertrag und das heutige deutsche Staatskirchenrecht, in: JZ 1956, S. 50 ff.
Smend, Rudolf: Zur neueren Bedeutungsgeschichte der evangelischen Synode, in: ZevKR 10 (1963/64), S. 248 ff.
Spehr, Christopher: Synode als Kirchenleitung, in: Kirche und Recht 2011, S. 13 ff.
Stahl, Friedrich Julius: Die Philosophie des Rechts nach geschichtlicher Ansicht, Bd. 2, Erste Abteilung 1833/2. Abteilung 1837.
Stolleis, Michael: Geschichte des öffentlichen Rechts in Deutschland, Bd. 1, 1988.
Stolleis, Michael: Geschichte des öffentlichen Rechts in Deutschland, Band 2, 1992.
Stolleis, Michael: „Konfessionalisierung" oder „Säkularisierung" bei der Entstehung des frühmodernen Staates?, in: Ius Commune 1993, S. 1 ff.
Strohm, Christoph: Die Kirchen im Dritten Reich, 2011.

Tennstedt, Florian: Peitsche und Zuckerbrot oder ein Reich mit Zuckerbrot?, in: Zeitschrift für Sozialreform 43 (1997), S. 88 ff.

Uhle, Arnd: Ein „rätselhafter" Ehrentitel? Der Körperschaftsstatus für Kirchen und Religionsgemeinschaften, in: Festschrift für Josef Isensee, 2007, S. 1033 ff.

Unruh, Peter: Reformation – Staat – Religion, 2017.

Verhandlungen der verfassungsgebenden Deutschen Nationalversammlung, Bd. 336, Anlagen zu den stenographischen Berichten, Nr. 391 – Bericht des Verfassungsausschusses, 1920.

Vogel, Viola: Abgestorben? Religionsrecht der DDR und der Volksrepublik Polen, 2015.

von Campenhausen, Axel: Synoden in der evangelischen Kirche, in: ders.: Gesammelte Schriften, 1995, S. 50 ff.

von Campenhausen, Axel: Die Reformation als Grundlage der modernen Welt und des neuzeitlichen Christentums, in: ZRG Kan. Abt. 123 (2006), S. 536 ff.

von Campenhausen, Axel/de Wall, Heinrich: Staatskirchenrecht, 4. Auflage 2006.

Waldhoff, Christian: Die Zukunft des Staatskirchenrechts, in: Essener Gespräche zum Thema Staat und Kirche 42 (2008), S. 55 ff.

Walter, Christian: Religionsverfassungsrecht, 2006.

Weber, Werner: Die kleineren Religionsgemeinschaften im Staatskirchenrecht des nationalsozialistischen Regimes, in: ders.: Staat und Kirche in der Gegenwart, 1978, S. 226 ff.

Weber, Werner: Die staatskirchenrechtliche Entwicklung des nationalsozialistischen Regimes in zeitgenössischer Betrachtung, in: ders.: Staat und Kirche in der Gegenwart, 1978, S. 114 ff.

Willems, Ulrich: Religionsfreiheit und Religionspolitik im Zeitalter religiöser und kultureller Pluralität, in: Daniel Bogner/Marianne Heimbach-Steins (Hrsg.), Freiheit – Gleichheit – Religion, 2012, S. 131 ff.

Witte Jr., John: Law and Protestantism, 2002.

Wittekind, Folkhard: Welche Religionsgemeinschaften sollen Körperschaften des öffentlichen Rechts sein?, in: Günter Brakelmann/Norbert Friedrich/Traugott Jähnichen (Hrsg.), Auf dem Weg zum Grundgesetz, 1999, S. 77 ff.

Stichwort- und Namensverzeichnis

Allgemeines Landrecht 17, 19, 20, 21, 22, 23
Alliierte 52
Arendt, Hannah 8, 49
Aufklärung 7
Augsburger Religionsfrieden 6

Baden 25
Barmer Theologische Erklärung 47, 48
Bayern 25
Bekenntnisschule 54
Bikonfessionalismus 4, 5, 7, 69
Brüdergemeinde, böhmische 19
Bundesgerichtshof 60
Bundesrepublik 33, 52, 54, 56, 57, 58, 59, 61
Bundesverfassungsgericht 59, 61
Bundesvertriebenengesetz 58

Calvin 11
Calvinismus 18
CDU 54, 56
christliche „Leitkultur" 67
CSU 54
cuius regio eius religio 9, 13
cura religionis 35

DDP 35, 38
Deutsche Bundesakte 25
Deutsche Christen 47
Diskriminierung 63, 69
DNVP 38
DVP 38

Ekklesiologie 53

Fakultäten 40
FDP 54
Frankreich 13, 19, 23
Franz II. 24
Friedrich Wilhelm III. 26
Fürstenreformation 14

Gegenreformation 9
Gemeinschaftsschule 54
Gewissensfreiheit 11, 25, 26, 36, 78
Glaubensfreiheit 17
Glaubens- und Bekenntnisfreiheit 2
Glaubens- und Gewissensfreiheit 20, 75
Glaubens- und Gewissensfreyheit 73
Gleichheit 6, 25
Gottesdienst 79

Hausandacht 18, 19
Heckel, Martin 7

Herrnhuter 19
Heuss, Theodor 54
Hobbes, Thomas 16

Individualisierung 1, 66, 70
Islam 65
Italien 13
itio in partes. *Siehe* Parität
ius circa sacra 15
ius emigrandi 9
ius in sacra 15
ius reformandi 9, 17, 18

Jesuitenorden 31
Juden 25
juristische Person 21

Kaiser 13, 24
Kant, Immanuel 19
Kanzelparagraph 31
katholische Kirche 30, 41, 45, 51, 59
Katholizismus 11, 12, 15, 28, 30, 31, 32, 37, 41, 45, 47, 56
Kirchenaufsicht 42
Kirchengesellschaften 20
Kirchenkampf 33, 69
Kirchensteuer 49, 60
Kirchenvertrag 44, 59
Klöster 24, 49
Kollegialismus 15, 23
konfessionelle Bürgerkriege 12
Konfessionsschulen 48
Konkordat 44, 45, 59
konstantinische Wende 17
Kontrollrat 52
Koordinationslehre 61, 63
Körperschaftsstatus 2, 39, 42, 49
Korrelatentheorie 42
Kulturhoheit der Länder 56
Kulturkampf 29, 30, 32, 38, 69
Kulturvölkerformel 60
Kultusfreiheit 20, 23
Kunstfreiheit 1
Kurfürsten 13, 18

Laizismus 67
Landesherr 9, 14, 17, 24
Landesherren 14, 16
landesherrliches Kirchenregiment 15, 37, 41
Landeskirchen 37
Landesverfassungen 53
Leo XVIII. 63
Loccumer Vertrag 59
Locke, John 16
Luther, Martin 4, 8, 14

Mausbach, Joseph 39
Meerfeld, Johannes 38
Melanchthon 14
Mennoniten 19

Nationalsozialismus 33, 44, 47, 49, 50, 52, 63, 69
Naumann, Friedrich 38
Neutralität 1, 2, 12
Normaljahr 18
Normaljahrregelung 17

öffentliche Schulen 80
öffentlich-rechtlicher Rundfunk 58
Orthodoxie 19
Österreich 25

Papst 13, 30, 63
Parität 6
Paulskirchenverfassung 26
Pluralisierung 66, 70
Prägekraft des Christentums 1
Preußen 18, 19, 24, 25, 27, 32, 37, 44
Privatschulen 40, 48, 56, 80
Protestantismus 11, 12, 13, 14, 15, 19, 21, 26, 28, 37, 38, 40, 44, 45, 47, 49, 50, 51, 52, 59, 62, 69
Pufendorff, Samuel 21

Reformation 4, 5, 7, 8, 11, 13, 14, 15, 17, 18, 21
Reichsdeputationshauptschluss 24
Reichsgau Wartheland 48
Reichsgründung 29
Reichskonkordat 44, 45, 46, 47, 53, 54, 56, 59
Reichsstände 12, 18
Religionsausübung 18, 21, 28, 39, 60
Religionsfreiheit 1, 9, 11, 23, 24, 27, 28, 52, 59, 61, 66, 78
Religionsgemeinschaften 35, 38, 40, 49, 54, 60, 63
Religionsgesellschaft 2, 20, 21, 25, 26, 28, 38, 49, 53, 54, 62, 68, 76, 77, 78, 79
Religionsgesellschaften 74, 76, 77, 81
Religionsunterricht 28, 40, 49, 56, 81
Revolution 5, 7, 24, 26, 44, 65, 69
Rheinisch-Westfälische Kirchenordnung 26
Rheinland 25

Säkularisierung 1, 12, 66, 69
Schmitt, Carl 42
Schulaufsicht 31
Smend, Rudolf 62
Spanien 13
SPD 35, 38, 39, 54
Staatskirche 42, 76, 78
Staatskirchentum 12, 26, 37, 45
Staatsleistungen 79
Stahl, Friedrich Julius 28
Stuttgarter Schulderklärung 51
summus episcopus 14
Süsterhenn, Adolf 56
Synagogengemeinden 49

Territorialstaaten 12, 23
theologische Fakultäten 81
Thron und Altar 15, 41

Ultramontanismus 30
USPD 35, 38

Vernunftrecht 7, 15
Visitation 14
Volkskirche 35, 52

Wächteramt 62
Weimarer Nationalversammlung 34, 35, 36, 38
Weimarer Reichsverfassung 2, 34, 40, 43, 54
Weltanschauungsgemeinschaften 35, 69
Weltanschauungsgesellschaften 39
Westfalen 25
Westfälischer Frieden 5, 6, 7, 8, 9, 11, 12, 17, 18, 20, 21, 23
Wiedervereinigung 65
Wiener Kongress 25
Wohlfahrtspflege 48, 53, 58
Wöllnersches Religionsedikt 19
Württemberg 25

Zentrum 35, 37, 38, 39, 40, 54
Zivilehe 31
Zuwanderung 1
Zwingli 11